suncolor

suncolor

跨越生與死的*40*個人生問答

靈界的譯者2

索非亞 著

suncolor
三采文化

推薦序
靈界的導遊，人生的指南

哥倫比亞大學宗教系及東亞語言文化教授　于君方

認識本書作者是在四年前，我來台參加由聖嚴教育基金會舉辦的聖嚴法師思想國際會議，當時索非亞擔任聖嚴基金會董事楊蓓教授的助理，會前會後的聯絡工作完全由她一人擔當，記得我初次見面，很驚奇地發現原來她是如此成熟和能幹的年輕女子。以後我們經常有業務上的來往，在台北又見過幾次面，知道她同時在讀兩個不同學科的碩士，又是中華民國棒球協會的裁判員，她的勤奮好學、多才多藝，留給我很深的印象。去年她送給我她第一本著作《靈界的譯者》，敘述她在十五到二十歲，被人鼓勵充當靈媒的經歷。作者因為天生具有陰陽眼，能看見和聽到鬼界的種種，她從童年就有常人沒有的通靈能力，這本書是一篇充滿神奇及辛酸的自傳，同時也為研究宗教的學者提供了第一手的寶貴資料。

所有的宗教都有對鬼神及死後世界不同的理論及信仰。中國宗教也是如此，一般民眾信奉的民間宗教吸收了儒、釋、道三教，加上不同地區的傳統，對鬼界有非常複雜的心態。人們一方面怕鬼，一方面又想通過鬼得到一些現世的利益。因為很少有人真正有親身經歷鬼界的經驗，往往人云亦云，發展出近乎迷信的信仰及行為，如果神棍從中詐欺，更因而發生擾亂人心的社會問題。從心理、社會以及宗教的角度，對生死和鬼神的正確認識，都是對個人及群體有高度的重要性。在《靈界的譯者》一書中，索非亞針對一些民眾對鬼界的疑難，做了明晰的解釋。因為她是根據自己親身的經驗，所以很是精彩，具有高度的說服力。現在她寫的這本新書，不但更深入和詳細的解答人們對鬼神、靈界、宗教禁忌，以及靈媒的眾多問題，她也從心理學及世界宗教的立場討論上述的各種議題。

看了本書後，我認為作者是一位靈界的資深導遊，她的書同時也是一本幫助人們樹立正確人生觀的指南。只有當我們正視生死，才能超越生死而積極、樂觀的過我們的一生。索非亞年輕有為，她以身作則，可以值得大家信服這位導遊。我相信讀者不但受益，同時也會享受閱讀這本書，因為她文筆好、會說故事。我因此推薦此書給有福讀到本書的所有讀者。

推薦序

此岸與彼岸的距離，不過只是心中的妄念罷了

生死簿傳人　吳晴月

柏君在送我的書頁上寫著：「認識您，彷彿能看見我老的時候。」就這樣簡單的幾個字，我心疼地落下淚來，這一路走來的艱辛與孤單全部湧上心頭，雖然我早已把這一切深埋心中。

我們年齡足足相差三十五歲，卻是那麼相仿，除了我不是靈媒也不曾在宮廟服務。一生叨叨不休地對著人講，人自己出了問題，跟神鬼有什麼關係？說穿了，只是想找藉口原諒自己吧。沒有人願意告訴你實話，因為說實話就斷了自己的財路。你的人生出了毛病，是因為你的想法（觀念）有問題，牽動了你的情緒，然後反映在態度上，這些成了你遇事的對應行為，久了變成習慣（性格），有什麼性格就有什麼命運，其實這一切道理很簡單不是嗎？別把自己的挫折往神、鬼、祖先頭上賴吧！

依賴宗教、信仰、民俗……等等職業為生的人會告訴你，因為神、佛、祖先不滿意座位的方位、尺寸、供品……各種的不恰當，導致你的現況出問題，所以要怎樣處理。看我們怎麼把慈悲的神佛形塑成愛計較，度量狹小又愛報復的傢伙了。人看不清楚，或是根本不想看清楚，只想用討好、巴結，做個乖乖牌，然後就開始要求了，最好求財，那個坐在雲端的傢伙就丟下一袋錢來，求子，就拋下一個白白胖胖的小子，說穿了，一切是人的貪念罷了，老想用簡單的方法（拜拜、求），把神佛口袋裡的東西掏到自己的口袋。卻忘了，神佛不都是揚棄了這些功名利祿才能証得道果的！

信仰場所（宮、廟、壇）裡主事的人，早把這些商業化經營了。然後我們清楚地看到，大部分的宗教就變成在恐嚇與救贖中重複來回進行，你是不完美的（人性本就不完美），所以要來找我（宗教），經由我，你才能找到得救的路。如此而已。要記得，不論什麼改運、改名、祭煞、命理、地理甚至是「天理」，人心才是終究。人若能秉持良知做到自律，無須依據宗教的戒律來使自己不致脫軌，有沒有信仰也就沒那麼重要了。

法鼓山聖嚴法師在《神通與人通》一書中曾提到：「人心中若有鬼，再與心外的鬼相應，則鬼就會來找你的麻煩了，心內若無鬼，鬼也沒有辦法找上你」。心中的鬼，貪念是也，此岸與彼岸的距離，不過只是心中的妄念罷了。

柏君把這一切，白紙黑字的寫下來，影響力將更大，如我平凡的歐巴桑之輩，窮一生之力說到「嘴角全沫」，也不過就是個「怪咖」吧！沒啥作用。因此真的很讚嘆她的勇氣與毅力，我還得好好向她學習。

無限祝福！

推薦序

提供給年輕人追求人生道路的另類參考座標

政治大學宗教研究所副教授　蔡源林

聖奧古斯丁的名言「信仰尋求理解」，索非亞的生命歷程可說為此做了精采的另類註腳。

她自幼因具有特殊的宗教經驗而成為靈媒，後來更進入宗教研究所對信仰做理性的學術探究，這本書忠實呈現了她尋求理解之後所獲的人生體悟。就個人的經驗所及，像索非亞這樣從信仰的「圈內人」身分而轉換為研究者的「圈外人」身分，在台灣社會算是極少數的特例。或許因為台灣的正規教育長期以來並未將宗教知識納入教學，從國小至大學的許多課程與教材，提供的是一套科學實證至上及世俗人本主義的價值觀，導致一般受高等教育的知識分子對宗教信仰缺乏理解，或抱持懷疑論甚至鄙視的態度。反之，庶民大眾則生活在多元紛雜的宗教環境之中，對信仰可能採取絕對服從、權威式的奉行不渝、或人云亦云而不求甚解等各種非理性的態度。這種知識與信仰二元對立的文化特質，正是欠缺知性的宗教教育所致。索非亞以生動而嘲諷式的筆調所描述的諸般眾說紛紜、光怪陸離的宗教現象，反映了信仰不求理解、宗教無法與知識結合的文化處境。

索非亞的信仰探索之路，確實相當曲折迂迴，個人對她所述的某些宗教經驗實無法以學理來印證，只能暫且存而不論，但抱持懷疑論的讀者亦無須斷然否認，宗教信仰本來就包含相當多個人化、私密性的成分，如人飲水，冷暖自知。至於她的個人體悟與宗教學理有不謀而合之處，可以略述一二。

所有的宗教傳統，無論是東方的佛教、道教，或者西方的基督教，乃至國人比較陌生的伊斯蘭教，各自的宇宙論系統對鬼怪的存在都有不同的解釋模式，但其共通點則強調鬼怪的位階在人類之下，人類無須畏懼鬼怪眾生。況且人類稟賦神聖天命，如基督教認為人依神的形象受造、伊斯蘭主張人為 真主在世間的代理人、佛教則主張六道眾生之中只有人道可以直接成佛，均不約而同地指出人存在的特殊價值，故各宗教的修證體系都更強調人類自身的智慧與德性之陶冶，反對借助鬼怪之力來謀求神通；宗教修行的終極目的為自我轉化與超越，使人逐步趨向於比凡界更高的神聖境界，而非捨本逐末，以怪力亂神來迷惑眾生，反而自貶了人類在宇宙中的特殊地位。

索非亞對自身的靈媒經歷進行自我檢視與自我批判，並發揮其勇於嘗試與突破的女中豪傑特質，開放自己的心胸去領會世界宗教的生命智慧，所呈現出來的這份成果，或許可以提供年輕人追求自己的人生道路另類的參考座標。

目錄

推薦序

第二章 跨越生死

破解所有迷信疑惑，因了解而無所恐懼

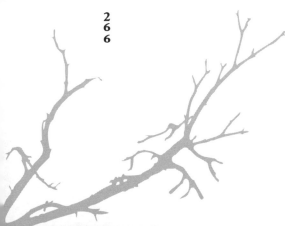

出書初體驗

我將寫的東西與朋友分享後，也把文章放在部落格供網友瀏覽，那本來是我的生活日記，忙起來變成生活週記，結集起來竟讓我多了個作家的封號，一圓我的夢想，雖然我的夢想還挺多的。

不過出書比我想像中的熱鬧多了，後續的活動讓我瞎忙一通，許多固定的活動被迫暫停，甚至連棒球都得緩緩。有次練球結束後我被棒球教練逮個正著：「怎麼都沒來練球？」已經打得很爛了還不練，真是無可救藥，那時候我就告訴自己一定要趕緊恢復正常，才能隨隊去香港比賽。這又讓我想起練球時的一則小故事：話說我很不會接外野高飛球，有時候還會直接跪在草地上禱告：「今天一定要讓我接到三球才收工！」無法接殺高飛球的外野手根本是球場上的石頭，我不要當石頭啦！

外野手接不到高飛球真的很丟臉，又不是人形立牌。有次在內野負責轉傳的愷玲竟然對我大喊：「妳能不能接個一球傳給我啊？我都接不到妳的轉傳球。」我馬上吼回去：「我也想接到啊！有哪個外野手喜歡一直撿球啊？」隊友們也努力想幫我，前輩們總是說：「每次都差一步就能接到，那不是技術問題，是心理問題！要自己突破！」所以喊口號是一定要的，但是如果喊口號也沒有用呢？有隊友便建議：「妳能不能找一個鬼，球打出去的時候叫它先跑到落點，然後妳就往鬼的位置站位就好了？」這樣說也可以啦！但是我答：「那我得先找到一個會打棒球的鬼啊！」會提這種建議真不愧是棒球人，如果沒記錯應該就是陶小光，不枉我們倆是兩光二人組。我以前遇到困難時的確會禁不起誘惑，找「神明」幫忙！

練空手道時，我最害怕的是「對打」，就算跟教練說我會怕，教練還是說多練習就是練膽，說了跟沒說一樣！幾年前有次去空手道課的途中，走過社區附近的土地公廟，那裡也有供奉玄天上帝和關聖帝君，這兩位神尊看來都英勇威武，所以我就請祂們賜給我神奇的力量！

於是真的要上場對打前，我就想著有神功護體，一整個衝鋒陷陣、豁出去打，沒多久就被教練叫過去，他用那種會使人尿失禁的氣勢罵道：「妳有這麼笨嗎？妳是這麼笨的人嗎？」這時候只有腦傷的人才會承認，教練又繼續開罵：「妳沒有教練在教嗎？還是妳的教練都沒有在教妳？」話說到這裡已經讓我有點腿軟，但他還是繼續罵道：「我難道都沒教過妳嗎？妳有這麼笨嗎？一直嘟過去給人打是誰教的？妳都在練什麼？妳的攻擊呢？防守呢？節奏呢？」那件事到今天仍讓我心有餘悸！

被罵的時候我腦袋一片空白，返家的路上還不忘給廟裡的神尊一個傷害性的眼神——其實只是瞇著眼睛看，沒辦法，我沒有上過演員訓練班。回家洗澡才知道痛，練過空手道的應該都知道，身體熱熱的時候都不會痛，等身體冷下來之後就知道了，這時才恍然頓悟：我到底在幹什麼啊？

「人」其實很脆弱，就算從一出生就和自己生活在一起，也未必能了解自己，說的話、做的事情也未必清楚，心裡有太多的欲望起起伏伏，想要的總是太多，情緒卻總是控制不了，為了自己看不到、或察覺不到的不安全感，花很多力氣在追求；「安全」有很多種：物質上、情緒上、關係上，人總想追求這些永久的穩定，所以物質上想要有公職或穩定的工作，情緒上想要被認為很重要或被肯定、被需要，關係上想要有永恆不變的情誼，相對地說就是害怕收入不穩定、不被看重，還有害怕外遇、劈腿等背叛。

為了得到我們想要的安全、避免我們所憂慮的，人們總是費盡心思和努力，我最好只要每天作一個儀式，老公就不會變心，最好我只要遵守各種命理星座的說法，就能永保工作穩定，最好我只要固定花錢捐款，就保證死後的舒適，抱著寧可信其有、有總是比沒有好的想法，只可惜這世界總充滿悲苦，凡有氣血的必嚐死亡的滋味，生老病死和人生無數的苦痛，總是反覆地發生在我們身上，不因善良、努力、信神而消滅。

其實我不清楚宇宙的奧祕為何，但我相信凡事總有個「理」字，所以我選擇心所嚮往的伊斯蘭教，相信　真主和祂的教誨雖然無法讓我萬事亨通、一帆風順，可是信仰讓我有力量面對各種挑戰，信仰中的教導也指引我對事情的判斷，伊斯蘭告訴我：不管好的、壞的都是　真主的前定，讓我歡喜去面對生命中各項事物，所有都是　真主的考驗和禮物，之後我雖然還是有一時的情緒，如憤怒、不安、溢樂、驕傲，但是靜下來後，最終還是能獲得身心的平安，

Alhamdulillah!

人能知道的實在是太少了，我曾經對L女恨之入骨，可我現在感謝她，L女的出現讓我重新檢視宮廟道場的總總，我曾經以為自己是被神明揀選來幫人看病、解厄、挪風水、作決定，以為自己真的很特別又厲害，直到我發現「神明」也有無奈的時候。我握著癌末病人的手、抱著全身癱瘓的小孩、望著精神疾病患者的眼睛，甚至是命案或死亡的大體，還有那些心力交瘁的家屬，神明呢？我終於發現，人能掌握的只有眼前。

「神明」當然也會給我解釋，例如：對方的命該如此、因果如此、天意如此，所以我反問祂：「那過去被我們幫助的，就是命中注定該好的嘍？」總之，靈媒就只是個媒介、工具，如果是好是壞在冥冥之中都有所安排，人們也不必在此耗費力氣，更何況眼前該做的都嫌心有餘而力不足了。當有高靈告訴我它是南海古佛時，我請求它讓我那優秀且嚴以律己的老師能夠多活幾年，如果這個願望根本無法實現，那南海古佛跟我說過話又有什麼意義？

能讀書、有讀書，真的是我最大的幸福和財產，我透過書籍知悉許多知識、了解不同觀點，更能從歷史史料上去認識、重新詮釋宗教。以「關聖帝君」來說，史料確有其人，而儒釋道皆表其忠義、尊為神祇，「媽祖」也從小海村的信仰拓而成為海神及河神，來自中國的信仰卻在台灣發揚光大。「信仰」是個人自由也有其緣由脈絡，可是為什麼現在的信仰會從景仰變成畏懼？以前所謂的乩身多半有正職工作，在鄉民有需要時才為民服務，宗教從業人員亦有師承、規矩，「神通」是宗教中各種「教化」功能的其中一小塊，演變到現在是「神通領導宗教」，眾多看法莫衷一是，各種神祇都任人差遣，宗教從業人員原被要求的高操守、苦修行都免了，只要敢講、說得出一套道理，都能「奉旨辦事」。

台灣出了不少人是保生大帝教醫術、玄天上帝教收妖、觀音菩薩開智慧的通靈人，我也遇過有人聲稱媽祖總跟在她身邊，並有事情要交代給我的，那時候我已經知道要當個好學生、好孩子，所以我只希望那位媽祖可以教我游泳。我們可以從歷史的演變上，理解這些信仰的現象與產生，但是這些事還是讓我疑惑：為什麼現在有些神明可以談交易？為什麼只要出得起錢，神明還可以管到外遇、桃花，或生男生女？

人有信仰很好、很幸福，即使所相信的神不能豁免生命中的疾病、衰老、死亡或分離，卻能讓身心從信仰中得到安寧。總而言之，一切還是要回歸眼前，那是我們所能掌握的、努力的，我相信每個人都是平等的，雖然條件不同，但是在神的眼下，都一樣珍貴。

人生在世若不起分別心，日子其實是很好過的，至今我仍極度懷念童年只要吃飯、睡覺和玩耍的日子，那時生活中最大的挑戰就是吃飯得快一點和不准賴床。而進入學校後又產生新的任務：應付老師和融入同儕。說應付老師可能有些過分，但是同學們在老師們面前極盡表現諂媚的樣子，至今仍讓我餘悸猶存。孩子就是這樣，小時候爸媽是天，上小學後老師是天；小學時期老師的話是聖旨，老師的關愛是恩寵，為能贏得好學生的封號，即使是告發同學的小奸小惡，也不足為奇。

我以為長大之後這些事情會改變，可是改變的只是對象，對一些長輩、老闆、同事，我們仍玩著這些人間遊戲。其實人在江湖，身不由己，我也得講些場面話度日子，只是我努力讓自己保持誠實，別從玩人生遊戲變成被人生遊戲。孟子說：「人之患在好為人師。」我時常以此警惕自己，所以即便是寫部落格或出書，都是抱著「分享經驗」的心情，而且將當時的想法記錄下來，之後再回頭來看，也是最好的反省練習。

保持誠實最大的功夫在於「觀察」，觀察別人也觀察自己，非常幸運地，由於我天生見鬼的體質，讓我自然而然地隨時成為「生命觀察員」。

從小家人師長對我的印象就是時常獨自在角落看人，有興趣我就參與一下，沒興趣就做我自己的事情，其實現在的我也是如此，生命中有太多的不可說、難以言，最後只能用一抹微笑帶過。有人說：活得比較久不見得懂得比較多，我也很汗顏地發現，就算「看」得比較多，也同樣未必能懂更多，不過……還是繼續多看多觀察吧！

第一章

面對生死

由各種角度檢視人、鬼世界的真實樣貌

1.

從靈媒觀點看生死——

一位學生靈媒的眼見為憑與真實體悟

無形眾生的世界

生活圈

我們從小都應該看過流浪狗，不過很少人會因為時常看到流浪狗就成為狗專家或獸醫吧？同理可證，看得到另一個世界，也未必能成為鬼專家，除非它長得特別兇惡或是刻意找我麻煩，否則我只是覺得生活空間比較擁擠罷了。這種不求甚解的日子雖然很好過，但是旁人卻不願放過我，老愛問我各式各樣的問題，我只好多留神，甚至多請教這些靈界朋友，看看它們到底在搞什麼鬼？

要有概念首先就要先有畫面：它們的

長相也與人類相去不遠，找塊玻璃照照自己就可以了，它們一般就像是映在玻璃上的影子，有概略的輪廓，也有色彩，所以也有雙腳，只是視覺上是半透明的，能穿透它們看到後方。我早就習慣穿越鬼群的生活，而且白天視線清楚，反而比較好分辨，晚間黑漆漆的，別說鬼了，我連人都看不清楚。

正因為有影子的特性，所以不少人見鬼的方式是「眼角一瞥」，彷彿有瞥見什麼，但轉身一看卻什麼也看不到，它們並不是離開了，而是「正眼」看不到它們；有些鬼其實是渴望與我們人類交流的，我不時會看到「好兄弟」像個推銷員，挨家挨戶到人家門口微笑招手，不過幾乎都揁龜，絕大部分的人都不會有回應，它們只好去下一家，有時候我在客廳也會遇到無形眾生在門外向我招手，雖然會想拿點東西給它吃，可是又擔心會招惹更多，或者讓它以後習慣固定來找我要東西吃，所以只好視而不見，畢竟不論是助人或幫助無形眾生，都得量力而為。

我曾經一時興起訪問過它們幾次，才知道它們與人類溝通大多是「亂槍打鳥」，也就是說，就像推銷員或發廣告單的人一樣，是見人就試，人類有所回應就能搭上線。那些有靈視能力或陰陽眼的人，在他們眼裡不會有特殊的標記或光彩，當然更不會像是掛個五彩令旗，不然哪裡受得了這些排山倒海的無形眾生啊！另一方面，我跟許多見得到無形眾生的人交換心得也發現，我們大多時候皆採取「冷回應」，看到也當作沒看到，不然要怎麼過日子呀？

說無形眾生是排山倒海真是一點也不為過，或許它們是有形體、沒身體，才能在小小空間中擠著很多很多的它們，不過它們也不能來無影、去無蹤，無法日行千里、夜踏百川。以我的經驗來說，大部分無形眾生的能力相當有限，甚至視覺能力遠不及人類，我們能看到的三度空間、一個正常的空間，對某些眾生來說是漆黑一片，我曾經在一個房間一直看到一名婦女，問它怎麼不離開？我才知道，一個正常明亮的房間對它而言，卻四面皆牆而沒有門口，所以它只能日夜徘徊室內而沒有出路，實在讓人難過。

據說念佛經時會有無形眾生聚集，可以說對，也可以說不對，因為這些無形眾生們日子過得茫茫渺渺，只要聽聞能得救之聲，無不往前靠攏細聽究竟，其他的經文也是如此。其實念經也是為了行善修行，請悲憐它們的處境，讓它們也有進修培德的機會吧！倘若為此恐懼害怕，那麼就乾脆別念經了，又要念、又要怕的，那念經到底是為了什麼？

能力稍好的無形眾生會有移動能力，但也不是能恣意穿牆、變身等等，依照我的觀察，大部分的靈無法任意穿透和移動物品，所以它們得趁開門的時機或者以門縫做出入，至於所謂的「卡陰」或「神像入神」，也是以「附著」的方式呈現，所以，與其說是「卡」或「入」，不如說是「附」比較貼切。因此我常呼籲大家將家中食物收好，擺在外面的也要拿張紙或衛生紙蓋著，就不用擔憂無形眾生會長久待在你家白吃白喝，既然無吃無喝的，它們也就不會想賴在你家了。

它們大部分的時間都在討生活，有些受雇於人或其他無形眾生，有些則是從事第一級產業自給自足，不過它們沒有勞基法或健保，甚至沒有法律，比喻得貼切點，我覺得很像動物的世界：為了生存，它們會成群結黨，形成角頭幫派，能力強的自然成為領導者，弱的就幫忙壯壯聲勢；它們也有些許學習能力，因此人類的生活也會影響它們，例如：大部分的食物、果實、骨頭，甚至糞便，都是它們的食物，只是人們總是餵食燃燒過的紙錢，久而久之它們也變得愛吃了。不知道古時候紙還沒發明的時候，它們是吃什麼？

根據文獻，古人認為天地山川萬物皆有靈，所以會把貢品或祭品埋在土裡給地祇，至於河神，當然是投到水裡給它們。那麼在天上的眾神靈呢？總不能拿個發射器射往天空吧？沒多久就會掉下來，那不是很糗？所以古人在上告天神時，會燃燒告文，裊裊升天的香火，就好像我們的心聲上達天聽，火燃的方式也包括焚燒紙紮的「馬」，象徵性地給予神明坐騎，爾後衍生到火化是送神，以及將我們的祭品、供品傳達到另一世界，古代巫覡為帝王通天時，甚至還會自焚，或許這代表：「既然都通不準，那乾脆我本人過去跟神靈說。」「火化」這樣的「象徵」與「意象」的「轉化」，是我們紙馬、金銀紙發展的土壤。靈界的眾生也喜歡吃「灰燼」，可能是我們長久以來以「焚燒供食」與它們交通，久而久之便養成靈界眾生的「飲食習慣」。有機會我倒想做個實驗：帶份臭豆腐去美國，如果美國鬼都不吃，那我的假設可能就可以成立喔！

既然無形眾生喜愛吃紙錢灰燼，那麼宮廟不就聚集了很多無形眾生搶食？

這說法不完全正確。這些無形眾生跟人類一樣，也有許多潛心修為的高靈，它們存在的時間比人類長太多了，修為自然非常人所能及，它們會有自己的修行團體，有些團體自主清修不與人類打交道，也有對外開放營業，供人祭拜的。開放祭拜的資源多，是非自然也會比較多，魚與熊掌當然無法兼得，不過基本上都會管好自己的地盤，不會有搶食的亂象發生，混亂多半出現於陰廟或是沒有主持人（法師或道士）控制的場合。

對於無形眾生，我們無須太多擔憂或懼怕，它們尋常地在這地球上生存，來來去去到處走動，倘若有一勞永逸的完全除鬼方法，早就公諸於世，我也發了！但我們卻總是用「想像」的，例如：「貼門神」、「擺鹽米」、「灑大悲水」等方法，用掩耳盜鈴的態度來除鬼，所以我非常抗拒幫人看哪裡有鬼。這有什麼意義呢？此時此刻它待在這裡，晚點可能就跟朋友出去下午茶了，待在原地無處可去的，它都搞不定自己了，難道還能掌握你的吉凶禍福嗎？有鬼跟你一起搭公車、捷運又如何？反正它們又不占空間，告發它們逃票是不是太沒愛心了？

跟無形眾生交朋友

人鬼雙方若在同一時空有較多的穩定互動，也能和它們交朋友。除了李保延大哥外，過去也有一些相處比較密切的鬼朋友。回想起來也是一個個的階段，就像國小有形影不離的手帕交，升國中後又會換成別人，高中和大學也是一樣，並非不珍惜彼此的友情，實在是環境已經改變，關係無法繼續維繫。其實跟鬼交朋友並不容易，因為它們多半智商不高，要和智能不足者談心可真是難呀，還是不要為難我了。這些朋友我很難記得清楚，因為也沒辦法留照片，幼年時期的一切也不復記憶，都是爸媽當時問我，我長大之後才又告訴我的，以前跟我最要好的莫過於外婆與表哥，我時常清晨時說夢話請它們別離開，據說小時候還講過外婆在夢裡帶我出去玩，可惜我自己都想不起來了。

小學時我在學校也有認識新朋友，可是太明目張膽會破壞正常的人際關係，所以我們會躲在某個樓梯的下面（像哈利波特房間的那種空間），與它們分享我的午餐或點心。幾年前我回母校遇到中年級的導師，老師還說對我印象相當深刻：「小時候總是獨自在一旁看書，偶爾去看同學玩什麼，喜歡就加入，不喜歡就一個人去玩，很有自己的想法。」那時候交的鬼朋友都不長久，尤其在我想燒東西給它們吃時，若被大人發現就會被罵得一塌糊塗，而且平時的人類玩伴太多了，我對鬼朋友沒什麼興趣。到了國中時才有一些關係比較穩定的鬼朋友。

隨著年紀漸長，越來越多的鬼來拜託我或恐嚇我，害我晚上都睡不安穩，後來認識了一位女孩子，我都叫它阿姐，約莫三十歲，身穿白衣，髮長過肩，臉大大的、有些陰沉，我讓它住在我的房間，睡覺時它就坐在我床邊，爾後就比較少有鬼來吵我。可是我仍然會作惡夢，通常是夢到自己飛起來，在家裡或是在街上，因為我怕高，根本無法享受那種感覺；不然就是夢到被鬼追，或是我去幫人抓鬼，我想應該純粹是作夢吧？總之，有阿姐在的時候的確比較好睡，而且早上可以請它叫我起床，一直到我大學畢業才離開。

我也曾靠好兄弟們的幫忙，得以尋回丟掉的皮包。話說我的皮包放在辦公室被學生偷走，氣得我在布告欄張貼「警告啟事」，要求學生七天內返還皮包，現金就算了，但是那些證件、照片與名片對我很重要，否則我就要設壇作法！我還前往「ST宮」商請主神，倘若期限到了尚未尋回失物，要調請兵馬來「處理」一下。

大家看了我那張告示，都笑我是不是電影看太多了？結果三天後我接到ST宮服務處打來的電話，說有人撿到我的皮包，請我去取回。雖然知情的朋友都不再取笑我那看似愚蠢的舉動，但多少還是有些後遺症，朋友動輒以為我有設壇作法，其實也只有那麼一次啦！

大學時多半和李保延大哥在一起，其實不只有它，而是一整群。記得有次姐姐清晨因劇烈腹痛送急診，醫生說可能要開刀，也有可能是癌症，因為X光片上有亮點。姊夫急電我去「通通看」，早上五點不到我就被叫醒，便請認識的鬼「阿山」去幫忙看一下，後來回報說：「只是因為太多天沒方便啦！」阿山和李大哥還有很多弟兄，據說在上次L女的宣戰中都被殺了。真相究竟為何？也許等我死後就能知道吧，每次想到這件事就很難過。

以前常和鬼交朋友的時候，我有嚴重的氣喘病，大學畢業後才慢慢好轉，加上勤於運動，現在的我可是個健康寶寶。此外，以前背後有鬼撐腰，倘若有人惹到我，就會找鬼兄弟幫我出氣，當時真是年輕氣盛不懂事，現在我真的知道錯了！所以以前工作表現好、解決問題後，主任都會消遣我：「妳對他們作法了，對不對？」我只能快把脖子搖斷地說：「沒有，我都是憑實力好不好？」到現在還是常有老朋友會開這種玩笑，我也只能兩手一攤，或者應景虛晃兩下作法的招式。真主知道我已經懺悔了，我真的從良，很久沒作法了！

通靈者的歡喜與無奈

因為我是空手道黑帶，家人喜歡叫我「黑帶仔」，但其實是為了方便叫我去跑腿或搬重物；朋友則多半叫我「老大」，大概跟我會拍桌子的個性有關吧！從良之後我喜歡朋友叫我「索非亞」，如同洋人簡稱我「索非」，那是我歸信伊斯蘭後的阿拉伯文經名 Sophiyah。不過後來我才知道，原來很多學弟妹會叫我「頭七學姊」。

這是有原因的。之前系上辦了「系友回娘家」的活動，系友浩浩蕩蕩來了一、兩百人吧？感人的分享時刻中，我被叫上去講話，不外乎是簡單的自我介紹，說說與母系的淵源，後面的結語當然要走感性路線，更何況對母系真的很有感情，於是我說了：「北大社工是我頭七時，也會回來看看的地方。」座位上有好多七、八十歲的老師、老學長姐，原本擔心這樣開玩笑不知道會不會犯忌諱，但是當此話一出，除了全禮堂爆笑外，就連復興中小學董事長——我們那溫柔高雅的老學姊，也笑得前仰後合，總算讓我放下心來。

而最近系上必須跟學弟妹說明一些規定和歷史，其中有部分是當年我草擬的，在老師和助教們說出我的本名後，學弟妹們很難聯想，直到有人說道：「是不是那個頭七學姊？」在很多笑聲之中，我的綽號就這麼定了。其實跟我當朋友很有趣，至少你不會再聽到有人對你說：「我有個看得到的朋友曾經說……」因為我可以直接對你說：「我以前看到……」多乾脆啊！而且在一起久了，日常生活中一定會有趣事發生。

比方說能充當同學們的命理諮詢顧問，必要時還能提供義診與祭改服務，在同學家裡不幸遭逢喪事時，也可以幫忙跟葬儀社談個「員工價」。不過女同學們比較感興趣的，還是何時能碰上心上人？畢業兩三年後有同學要我務必參加她的婚禮，因為她在台灣時姻緣總不順遂，但當年我曾告訴她，她的姻緣在國外但不是外國人，她出國留學不久後便傳出好消息，現在當了媽媽，還有個可愛的兒子，雖然這件事我壓根忘了，不過舊事重提，大家都是會心一笑。

歡樂的事情有，無奈的事情更多。有時候人們的恐懼很奇怪，記得有次去南部幫人處理喪事，空檔中與朋友講手機，聊到一半朋友可能是聽到念佛機的聲音，便問：「妳人在哪裡？怎麼有那個聲音？」我說：「喔，我蹲在棺材旁邊啊。」結果我朋友氣得掛我電話！我一整個覺得很無辜。因為前面靈堂在作法事，叮叮噹噹的，怎麼可能講手機？後面的房間家屬在討論事情，在那裡很突兀又很吵雜，而在走道上或隨便哪個房間，又有人會來招呼我，後來我決定蹲在棺材旁邊，有布幕遮著又沒人吵我，那裡是最好的講電話地點啊！躺在那裡的人也不會嫌我吵，好吧，或許是應該把念佛機調小聲一點。

而且時常有人心懷恐懼地問我：「夜深人靜的時候我聽到樓上或走廊有腳步聲，怎麼辦？」或許是風吹窗戶，也或許是像樓上有孩子玩彈珠（雖然這年頭小朋友都不玩彈珠了，但是傳說還是持續中），朋友形容得繪聲繪影，說他大驚小怪也是於心不忍，所以對「撞鬼」而不知該如何是好的朋友，我由衷的想法便是：「我天天在看鬼都活得好好的，你偶爾看一下是會怎樣？」我真的很納悶，人們為何會害怕沒有見過的東西？會心生恐懼還是因為自己的心吧？其實這世界最可怕的是人，因為人的行為和言語會傷人，我害怕人類多一些。至於好兄弟們，大家不要再污名化它們了！也別再自己嚇自己喲！

做鬼也很不容易

有的時候，我反倒會羨慕它們，我從早到晚忙得跟陀螺一樣，可是它們只要想辦法覓食就好，哪像我們還有交作業、考試、工作和感情的困擾，不過人總是站在自己的地方羨慕別人的位置，它們其實也有說不出的苦，「它們有很多很多的時間，有著似乎無窮無盡的生命，卻不知道出處在哪裡？」想到這點，我的心都痛了，每天就這樣茫茫渺渺地過著，沒有目標，只有虛空和飢寒，比起那種連未來都看不到的日子，我們人類還是比較幸福。我曾試著與它們聊聊，但畢竟我不是一個好的生涯規劃輔導員，而且它們的生命比我們人類長多了，但若是不知為何而存在，活著反而是種悲苦，這點我們應當可以體會，因為人也是如此。

它們之中較聰明且有能力的，也能謀得一官半職，例如受雇於一些宮廟神壇，只是去壯聲勢湊鬼頭的算五營類，好歹也能有個溫飽，若能為雇主跑跑腿的自然是待優、福利更佳，倘若是修行有成者，還能位居尊位、受人膜拜，發揮自己的長處為民服務，但是這真的是極少數，沒那麼容易。只是在我看來，位居高位享香火，也只不過是比孤魂野鬼幸福罷了，因為掌廟居大位也不能光享權卻不辦事，得解決人和靈的紛爭，在享受和痛苦之間周旋度日，和我們一樣，或許夜深人靜時也會被空虛襲擊吧。

人類在這個世紀大舉擴張居住環境，有些原本住在大自然的眾生，突然就變成與人混居。以前幫人看居家風水時，大家最關心的就是家裡「乾不乾淨」？有時候我看得見靈界眾生眼中的無奈：「搞什麼啊？是你們搬到我家，不是我搬進你家的耶！」不知道它們會不會也去找它們的靈媒趕人？人總是以自己的立場看世界，其實是我們搶了它們的地盤，卻處心積慮要排擠對方，真沒道理！

原本的生活環境被破壞，所處之地成了人類主導的世界，靈界眾生也得努力活下去，就像是流浪狗一般，獨自奮鬥太辛苦也太危險，所以它們時常成群結黨，有領導的頭頭也有成群的幫眾，在較陰或多有意外之處聚集，因著人們的恐懼或敬畏之心也能獲得供養，有德者還會協助維護一方之太平，無德者便只會搗蛋鬧事、需索更多，其實靈界眾生能製造的破壞並不大，否則這世界早就由它們來統治，它們最大的武器是人類的恐懼，利用人們對靈界的敬畏與害怕即可予取予求，其實不理會它們，它們也拿人類沒辦法，可惜人們總熬不過眼前的困難，只要能趨吉避凶、安撫眾靈，要燒多少紙錢、進多少貢品都不足惜，我只能期盼這種風氣能在我們這代停止。

此外，也有些靈界眾生是接受人類的「邀請」，來到人類世界討生活，如前文提及，沒有什麼本事的靈就當個五營兵將壯聲勢，稍微有點能力，會認路溝通的，還能當通靈人或高靈的跑腿，至於更有修行、法力更高者，則能在人類世界中稱神，不過那得各憑本事，能出類拔萃的真的不多，況且大部分的大宮大廟都有數百年歷史，人家能坐鎮這麼長的時光，就算沒神威顯赫也必有其本事，革命成功的機率比晴天被雷打到的機率還低吧？

以往被大人帶去跑宮廟時，曾到過汐止山區的一間小神壇，那裡的主事者羨慕我不必修行就能看見靈界，我卻慶幸我並非只能看到靈界，還能看到發生了什麼事。在那裡我看見一批血淋淋的靈界眾生，非但四肢殘缺，還渾身染血，面容既悲苦又憤怒，我問主事者：「你知不知道自己招了什麼靈？」他說知道，而且正因為有兇惡的靈辦事和開明牌，所以特別靈驗，想當然耳，靈驗只有幾年光景，後來我聽到的便都是壞消息了。

在此也要特別勸勸有尋短念頭的人，人的生活再苦再難，也比不上當鬼的苦和難，活在世上都混不下去了，當鬼能好一點嗎？別說當鬼要報復薄情郎了，搞不好死後連回家的路都找不到，又餓又凍的，後悔都來不及。傳說穿紅衣自殺便成厲鬼，我小時候可從來沒聽過，那是因為有部香港電影《鬼新娘》

的影響，才有許多女子信以為真、如法炮製，我只能祝福它能如願以償，同時也疑惑：「如果它發現自己的深信卻是一場空呢？」在此呼籲大家可千萬不必害怕紅衣女鬼，因為它們是知道人們怕紅衣鬼才故意這樣穿的，哪天拍個鬼片讓厲鬼都穿粉色系，相信靈界眾生最新一季流行就是粉色系列不會錯！

開業誌慶

如何開宮廟道場？

有不少人問我這個問題，其實答案很簡單：「有一定的經濟基礎就可以成家了。」以前我也是這樣白手起家的啊！起初只是偶爾有人來問，久了開始拓展服務，人多了起來就定下固定看診問事時間，一開始只有週末，然後增加一、三、五特別門診，實在應付不來就變成全年無休。由於家裡還是要正常生活，我的家人又沒有出來選里長，要是搞得像社區活動中心，像話嗎？所以大人在距我們住家步行可到之處，正式成立一間「道場」，名字我忘了，好像有個「仁」字。

反正名字是什麼對我沒差，地點在哪裡也都一樣，總之我就是個翻譯。小小年紀就開始「成家立業」，除了興奮還有些驕傲呢！道場大約三十多坪，全部打通後，在後面有留一小間洗手間、廚房和小餐廳，中間的房間全是女神和供打坐的地方，外面則是男神和祭改之處，旁邊也有一個角落是泡茶和辦公區域。剛裝潢好時我還很開心地去看看，可惜神明都還沒有打造好，只先放了關聖帝君、上帝公和濟公三尊。

從以前到現在，我對濟公都沒有好印象。這個「神尊」真的怪怪的，帽子上寫了「佛」字還自稱禪師，可是起乩總是要酒要龍蝦，這樣我也想當禪師啊！更怪的是一些女生總要跟濟公問「姻緣」，我覺得「婚」真的是「女字加昏字」，怎麼會拿自己的終身大事去問一個酒鬼呢？要是我才不肯呢！所以以前跟玉皇大帝上香的時候，我都默默祝禱：「老天爺請您開開眼，我要告發濟公先生，他的行為實在有違神格，請您快快給他解職查辦吧！」不過我的願望都沒有實現就是。真搞不懂為什麼佛教不去登記「佛」字專利，被做成制服穿來穿去，佛具店一兩千元就能買到濟公袍，這下子無法求償了吧！後來多念點書、多些觀察才知道，其實從「貢品」就能看出神人的關係。神格較高者如玉皇大帝等，會採用生食和完整的肉品，例如：「殺豬公」。神格較低者就採用略微烹煮過的肉品，如：「三牲」，至於更低階如鬼者，就用我們人們常吃的食物就行了，例如七月半普渡的好兄弟或陰廟，反正大家都差不多就不用太講究。所以神格是有高低的，而「濟公」、「三太子」等，就屬於「有點神又不是很神」的那類。濟公瘋瘋癲癲的，行為也不怎麼為人神表，看似可以打交道和搏感情；三太子則兼具兒童身分，即使還是有人會請脫衣舞酬神，但怎樣都還是個孩子，所以也能用撒嬌打交道；這些明白清楚的矛盾卻被人們以信仰之名順利合理化，也必須如此合理化，不然跟玉皇大帝問樂透明牌，或向觀音菩薩問婚姻，還真的說不出口吧！第一次踏進自己的道場還挺得意的，雖然還是看濟公很不順眼，可是沒有辦法，主神三清道祖[1]等等的都在刻製當中，只好先這樣湊合，不過等到日後神明都到齊了，我第一件事情就是開除濟公！其實我一直想要有個「虎爺」擺在桌子底下，因為它的造型實在是太可愛了，可是大人都不刻給我，後來想想也對，難道通靈時我要趴在地上作獅子吼嗎？還是不要讓自己「騎虎難下」好了，這是我的一點小遺憾。不過其他的神像就挺順利的，爾後陸續刻製的女神有母娘和兩位婢女、踩著地球的地母、千手千眼觀世音菩薩、九天玄女和媽祖，男神則有大尊鎮殿的三清道祖[1]、太子爺、土地公、韋馱尊者、伽藍尊者[2]和軟身的保生大帝[3]，其實一開始我不知道為什麼刻意要刻軟身的保生大帝，只覺得這各處關節能活動的神尊好像是我第一個芭比娃娃，後來才知道與保生大帝有很深的緣分。

要開間道場宮廟真的不難，只要弄張桌子和幾個神尊即可，不過程序上其

❶三清道祖為道教最高神祇，分別為：元始天尊、靈寶天尊和道德天尊。

❷就是關聖帝君。

❸神尊的關節可自由活動的。

實也會「細緻」一些，沒辦法，大家都注重「禮數」啊！首先，主事者必稱「帶天命」，意即上天有天命降於此人身上，不過內容我無法形容，就連大家說我帶天命這麼多年，我自己都沒看過「天命證書」長什麼樣？也不知道自己的許可字號；同樣地，這些神尊也會被稱為「奉旨辦事」，有了上天降下的旨就能濟世救人，不過這個「旨」容易辨識多了，許多宮廟會直接刻一個放在神桌或掛在神尊對面上方，前者是證明那神明是合法接旨辦事，後者則是要給神尊看的「旨」，提醒神尊要好好辦事、不可胡來。放哪邊都有自己的一套說法，所以無須為此爭辯，不然就去佛具店買兩個，兩處都掛不就成了！

神旨總是要合情合理，若不循天理，刻滿整片牆也是枉然。

宮廟一定要有的配備

有一間屬於自己的空間真的挺虛榮的，以前總是有個案才出動，不然就是去有安神明的親戚家處理，最初只是個「翻譯」，看到什麼、聽到什麼就替人轉達，其實是不需要一個獨立空間的；這讓我想到卡通花田一路或者電影《靈異第六感》，劇情讓我們不禁為發生在那兩個能看到另一個世界的孩子身上的事情而感動，很久以前我也被感動過，不過電影沒有演到的是，接下來要面對的困境不是「靈」，而是「人」。宮廟在口耳相傳之下，人愈來愈多，只要聽說「靈驗」，有一個成功個案就夠了，特別是生病或者牽亡魂的例子，人們莫不希望：「只要有人成功過，那我也可能是另一個。」所以不需要反覆驗證，只要「聽說」就夠了。人們的是非口舌與利益開始聚集於此，所造成的困擾很快就沖淡開業的喜悅。

有了空間、有了桌子、有了神尊，接著就要請神領旨。請神領旨的程序千萬不能馬虎，能有多熱鬧就得多熱鬧，因為這不是為神辦的，而是為人辦的。請神領旨簡單地說，就是讓神明入住，並獲得靈界認可的「合法執行權」，看看我們所信仰的神明體系：主要可分「人格神」與「非人格神」，前者的人格神就是能以人的眼光去模擬，後者則屬於「萬物有靈、泛靈信仰」的展現，例如：動物靈、植物靈、天星[4]和物品等等，動、植物靈是許多民族都有的信仰方式，天星信仰則受道教影響，相信天上的日、月、星辰都有「神明」掌管，例如：太陽星君、太陰星君與各式星辰，而這些「星君」各司其職，如魁星管文昌功名、南斗星君管出生，而北斗星君管死亡，每年也都有當職的星君，每六十年為週期，這也就是每年都會有兩個生肖「當沖」和「偏沖」、大家要安太歲的由來。有趣的是，這些星辰、動物、自然現象也都可以與「人格神」互為轉換。

「人格神」最為我們所熟悉，可分為「行政體系」與「非行政體系」，差別在於「有沒有當官管事」，例如：三清道祖或無極老母、地母、黃帝等等，這些神明沒有特別可指稱出來的「執事」，不過另一方面又有人覺得反正都是神，如果祂們想管也一定能處理，所以是否「當官」這條界線，倒是不那麼絕對。而行政體系的神明又分有「中央神」與「地方神」，中央神例如：三官大帝（天官、地官、水官）、三星神（福星、祿星、壽星）、玉皇大帝、閻羅王、觀世音菩薩、佛祖、媽祖、註生娘娘、保生大帝、關聖帝君、三太子等等，地方神則有土地公、土地婆、山神、王爺等等，對於一些非正常死亡者，也會提高其地位，以義民爺、老大公等方式祭祀。神明真是多到族繁不及備載，請恕我無法一一詳列（我承認濟公是我刻意不放的）。

這些人格神在天上形成一個「封建體系」：有行政官、管生的、管死的，也有管財富、管仕途、管健康，月亮、太陽統統都一起管了！當然也有地下市長、法官、官兵和警察，宛若人間世界的拷貝版。是的，人們就是以自己的生活經驗，建構出另一個精神世界；台灣人的賣命與工時之長，是世界排名數一數二的，我們被這官僚系統管習慣了，就連自我的精神世界、死後世界，還是習慣被官管，好累喔！

各式各樣的神明中，除了選擇自己喜歡的神尊，也得留意「基本款」的搭配。因為信徒除了見廟就拜之外，多少都會有幾尊心儀、投緣的神明，當作自己的「主神」，最常見的就是觀世音菩薩、佛祖、母娘、關聖帝君或三太子，如果廟裡沒有，信徒踏進來會很失望也留不住的，就像是泰國餐館沒有賣椒麻

❹星辰信仰多半以「星君」的方式呈現，故也可分類於「人格神」，其分類並非絕對，亦可流通、轉化。

雞、月亮蝦餅和蝦醬空心菜，這樣像話嗎？我點不到肯定也會邊吃邊碎碎念。所以許多宮廟神壇的神尊就越拜越多，滿滿一屋子總會遇到一尊有緣、順眼的吧！這也與時常有不同神明來造訪有關，通靈時若有個新神來要駐點服務，多半會刻一尊神像給祂的。不過就我個人經驗，通靈能準、真會辦事的，一尊就夠了！只要能帶給人們平安的信仰，即使無形無像也無妨。

靈媒培訓SOP

硬體完成之後接下來要建設軟體，不同於一般的香火廟[5]，總要有「老師」領導並擔任人神之間的媒介。由於靈媒這行外表看來光鮮亮麗，投資報酬率又高，所以在不景氣的年代，經常有人詢問如何加盟？其實要幹這一行的門檻很低，但長期經營卻很不容易。首先，最主要的問題還是在於人格特質，

「缺乏現實感」是必備的條件。何謂「缺乏現實感」？簡單舉例來說，就是覺得自己是獨一無二天上星辰轉世，這世投胎有重責大任，必需替天行道、救民於水火，知天地之奧妙、通世人之三世，如果有這樣的特質，恭喜你！相信你一定可以在這條道路上堅持下去！

我是因為天生看得到鬼所以就一路混下去，那如果不是天生的人能否加盟呢？別擔心！神壇有一系列的課程可以培養，不過學員必須堅稱自己有「敏感體質」，不是容易過敏或異位性皮膚炎那種喔，是指很容易感應的那種敏感體質，反正又沒有儀器可以檢驗，當事人說了算，不把自己弄得神奇一點是要怎麼出來混？

幫人辦事與日常訓練的方法，由於我是天生的，所以是走自然路線，反正到時候看到什麼、聽到什麼就照做，打坐時也是沒什麼感應，因為我覺得既然是天生的，所以自然就好，那不是天生的怎麼辦呢？一般來說會有「訓練課

---

❺香火廟指只供祭祀、抽籤、安太歲和光明燈等等的大宮大廟，平時鮮有乩身為信徒問事。

程」，而課程內容則因為神壇宮廟的傳統與性質而有不同。

簡單舉例：從入門開始，通常都是信徒有困難尋求神壇幫助後，神壇的師父會說：「嗯……你是修行的命，某某神明要你幫祂服務。」如果師父有解決信徒的困難、信徒覺得很準，就會變長期會員，就算師父通得不準，這個說法也有效：「因為你是修行的命，所以才會這麼坎坷啊……」而信徒同意變成長期會員之後，通常真的會有一些起色，那當然了，那個所謂的神明要把你當工具，不把工具調整好怎麼使用？

如果信徒相信神明真的能幫助他，那他就會繼續信奉，若是有任何不順遂時，也會當成是神明的考驗，例如：「佛考」、「魔考」等等，倘若信徒後來生活真的很痛苦，當然會放棄離去，但這往往是很多年後的事情了，對神壇來說可是完全無所謂，也沒有損失，反正後面要來接的人多的是，大家都覺得自己是神明所中意的，我也只能給予祝福了。

至於訓練的課程是什麼？最基本的就是「打坐」，通常靈媒學員（想幹這行的）會有一個主要的神明，是神壇師父說的，也可能是自己感應的，學員就固定時間前往神尊（偶像）面前打坐，基本的儀式就是奉香稟告之後用檀香淨身，我覺得要這樣做是有原因的，因為缺氧之後比較容易減弱個人意識。打坐的方法每家不同，打坐者通常會接受神明感應，告訴他接下來該怎麼做，也有純粹讓神明「調養身體」的，說白的就是讓自己跟那個靈（神尊）的頻道調相近點，這樣感應比較快、比較準，有些人在打坐中還會打拳，揮來舞去的說是訓練或氣血運行，但我覺得主要是自我暗示，因為大家都有被神明教拳，自己卻沒有，實在是太遜了。不過我覺得沒有也沒關係，因為他們打起來實在不好看，想打得帥氣還是去國術館或空手道館學比較實在。

打坐久了，就會有幾個頻道比較相通的靈，說成「神明」比較符合主流文化，只要感應接通了就可以開始辦事了，通常都是從「問事」開始，也就是幫別人看病、解決問題，這也是一種篩選過程，通得比較準的就有信徒，恭喜你可以準備當老師了！通得不準的很抱歉，家人朋友會開始懷疑你得精神分裂症，說真的，那些幻聽、幻視的症狀真的都差不多。

因為與靈接觸的類型不同，通靈者的服務也有強弱項之分，像我以前就對風水、看病與喪事特別有心得，但是算命、符咒作法就很少，而處理的方法也會因為神壇不同而有差異，不過基本做法幾千年來好像都差不多，而是包裝的手法有異，十多年前我拿了刈金就死人活人全包，現在聽說還要分五路發財金、入宅金、嬰靈金……不是說要做環保嗎？看哪家神壇可以大膽啟用動畫製作，或許還可以去申請綠色企業標章。

神壇宮廟是很注重口碑紀錄的，牆上最好多掛政商名流來參拜時的合照，表示這裡神明很神，連╳╳都來拜了、神明也幫助他成功了，你還在猶豫什麼？好像來的信徒都是老師、教授，這裡的水準就會比較高，可是我覺得這作法太粗糙了，就我過去的個人經驗，那些人找我辦事往往必須保密，他們才一點都不願意暴露身分。

經營神壇宮廟如同開店營業，有成本壓力，原來救世的理想性初衷總會在現實中消磨，畢竟房東只收現金不收紙錢，通靈的準確度與收入成正比，要達成目標就是靠各式各樣的「修行」，最基本的還是打坐等靈感，可是坐在廟裡太悶了，有時候師父也會帶領大家親近大自然，就是到深山林內去「找靈山」，簡單地說就是去遠一點的地方找更高的靈，此外，想要濟世救人卻總是眼前這些老信徒多沒有創意啊！所以偶爾也會辦理康樂活動——到荒郊野外去普渡眾生，據說參與者都可以功德無量，每個月固定時間都還要「犒軍」，有這些多元豐富的活動，靈媒學員可以在活潑的情境下學習，信眾也不至於拜到很無聊。

要起步成為靈媒很容易，不過陷進去後要付出很大的代價才能回復正常生活，這段時間就算不在乎失去的童年和青春，除了靈界的種種，複雜的「人」才是更難處理的，如果在現實生活中無法成功地處理各種關係，當靈媒也無法扮演好眾人生命導師的角色。

如何成為通靈體質？

總是有人好奇我能夠看見鬼，我也對不能看見鬼的世界感到好奇，一次去幫人處理喪事時，乾姐姐也一起去，她問我要怎樣才能看到？是長什麼樣子？當時剛好靈堂那裡坐著一名女鬼，我請它不要動，然後讓乾姐姐坐在正前方看。我要認真看時會讓自己靜下來，最好眼睛閉起來，大概在眼睛中間再高一點點靠近額頭的地方有另一個眼睛，在看到一片黑暗之後，它們的影像通常就會這樣浮現出來。不過那天晚上我們搞了好久，我還氣得對女鬼大小聲：「妳怎麼這麼難相處？給人家看一下是會少一塊肉喔？」可惜乾姐姐還是說沒看到，所以我以為當靈媒得要天生的才可以，不過後來開了宮廟之後，我的看法又有改變。

有些信徒來拜拜問事之後就變成固定會員，當中有些人也想要「修行」，於是就會待下來，通常神壇主事者會告知信徒「主神」是誰？例如：母娘、九天玄女或三太子等，再來他會在固定時間奉香護請，要信徒在一旁（通常是那神尊面前）打坐感應，幾乎九成以上一定會有感應，廢話！人又不是木頭，在打坐之前就會先「自我暗示」，一直很希望可以「通靈」，坐久了多少都會有感應。

「通靈」的前兆通常是「打嗝」、「嘔吐」、「顫抖」，這是因為把自己放空之後讓「陰」的東西進來身體，以前我總是盡量不讓鬼靠近，就在旁邊讓我翻譯就好，可是有時候為了幫人處理喪事，亡魂能量不夠強，遺言交代又一定要通靈出來，我只好勉強讓亡魂上身，才可以通得比較清楚，當時我想死者為大，才會去做這種事情，而身體的反應就是發冷、顫抖、嘔吐之類的。結束之後自然是身心俱疲，是很不愉快的經驗，所以雖然總是說服自己是助人，可是每每進行之前總是非常抗拒，很少不鬧頓脾氣才壓抑自己去進行。其實這年頭想當靈媒辦事的人這麼多，為什麼老是要找我？

當信徒真的很渴望可以通靈時，通常很快就會有感應，而遇到進度慢的，宮廟的人當然也要幫忙，有點類似「訓乩」。作法就是點檀香，一方面可以吸引靈過來，二方面缺氧的環境可以降低自我意識並產生幻覺，一再重複練習之下，身體會越來越陰，與靈的頻率相同，靈上身、接近的阻礙越小，自然「感應」就會越來越靈敏。此外，也會祝禱靈體盡快與人感應，有些會寫「誥文」上告神祇，有些則催念咒語鼓動兵將。倘若這些方法都沒有進展，恭喜您！強烈建議您去殯儀館或葬儀社工作，看來您的免疫系統特別地強壯啊！

換句話說，就是把自己的身體借給靈用，好吧！有些人堅持說是給神明用，好比是個給靈住的房子，可是陰陽相隔總無法在一起，就算靈沒有惡意還是會傷害人的身體，所以當人在當靈媒或乩童時，通常身體會不好，但是也有些反例是冷熱不怕、非常健康的，但是那樣更糟糕，因為那代表身體幾乎是被鬼利用而硬撐著，一旦利用價值消失後，鬼就離開了，人呢？病痛的後果就是自己和家人承擔。我以前也是剛當靈媒的時候身體變好了，可是當越久反而變差，更正確地說是與鬼辦事時會臉色紅潤、氣色很好，可是鬼一離開反而氣色變差，有點像是注射毒品，一旦上癮就很難戒掉。我從小就接觸過好多靈媒，可是不管宮廟多大、信徒眾多，健康善終的還沒見過幾個，這可不是看起來沒事就說沒事，老了、病了倒楣的還不是自己的家人？

只要積極一點，加上多燒點香，通常很快就會有感應，而神壇還會幫忙牽線找主神，也就是找個厲害點的靈當夥伴，就像是以前我的李大哥，合作久了自然溝通無礙，當然也要靠練習。密切合作後通常會給「咒語」，就是兩者之間的「通關密語」，這是有必要的，因為一個「主神」不是單獨一個靈，而是「靈頭頭」，靈頭頭的身後還會養一大群靈，有了咒語之後方便幫派辨別敵我，就算同一宮廟中的靈也會有不同派別，要餵養或辦事都會以自己的靈幫派優先，所以彼此之間的咒語很重要。

我想會有不少朋友覺得我通的都是低級的鬼，所以才會寫這些內容，其實這樣說也沒有錯，因為靈也是有分等級的。平常幫人辦事就找值班的靈，看病的找會醫術的靈，卡陰找更兇的鬼把它嚇走，遇到更大條的事情，或者說有錢的大爺來訪，就要請出更厲害的靈，就像使用寶物一樣，用三炷、十二炷、三十六炷、甚至一百零八炷香呼請，不同的主神（靈）就用不同的咒語呼請。當然我可以唬濫說：「我通的是最高的無敵觀世音菩薩。」不過，那又有什麼意義呢？

當人心裡有妄念時，例如想著自己可以跟菩薩溝通、想著自己是佛祖的代言人，身旁的鬼、精靈、撒旦就有機可乘，它們有些會點特殊的「幻術」，也或許根本談不上幻術，只不過是人太渴望能見到菩薩，所以不論看見或聽見乃至感應到什麼，都會以為那是真的菩薩，可是那真的是菩薩或佛祖嗎？你當然可以這樣堅持，不過也必須承擔堅持之後的後果。

這有點像作文「我的志願」，小時候的志願多的是要當總統、太空人，而且小朋友寫的時候非常認真，不過應該沒有人會笑小朋友作白日夢，反而會稱讚他小小年紀有志氣，畢竟有夢最美、希望相隨，可是想想倘若這孩子念到大學，「我的志願」仍然寫總統、太空人的時候，家長的眼神應該不是稱許，而是聯絡輔導室或健康中心吧？

所以請把時間拉長、拉遠一點來看，「通靈」到底通了什麼？或許當下「通靈」好像很神準，好像真的幫助到人，可是長遠來看，真的是幫助嗎？今天我告訴他座位朝東比較好，下個月遇到困難，他又想問：「是不是要換個方向比較好？」如果一個人連自己的座位和床位都不能決定，這傢伙到底能幹什麼事情？靈媒的指點不是幫助，而是剝奪他人獨立思考的能力。

很多人會問我：身體不舒服、工作不順利是不是「卡陰」？鬼（精靈）也是為了拚生活很忙碌的，誰有時間整天卡在你身上？好像全世界的鬼都聚集在台灣人的身上了。

當然可以不當靈媒

兒時我跟大人說我看到了什麼，起先大人叫我閉嘴，帶我去收驚，後來大人問題越問越多，莫名其妙地變成我在幫別人收驚，這個轉變的過程到現在我還是丈二金剛摸不著頭腦，這是怎麼發生的？來問我的人越來越多後，有些人會感謝我，讓我覺得自己是個好人，可以幫助很多人，時間久了之後又覺得自己很了不起，因為對方年紀不管多大，都必須對我必恭必敬。

我很享受大家都對我很恭敬的時光，可是我不能只享受恭維、聽好話，找我解決問題的人越來越多，事情越來越大條，有時候我真的沒有靈感，可是大家還是說：「妳一定有！是不是累了？是不是耍性子不想說？」那時我說真的不知道，都沒有人相信我。

信徒多了之後是非也多，因為信徒們會爭寵，別的神壇宮廟也會看妳不順眼，三不五時就會被人放符法、小鬼找麻煩，我應付得很累，大家都有立場也在乎利益，不知道哪個才是對的？我很累、很不耐煩時就會發脾氣，在宮廟裡我發脾氣或再怎麼囂張都沒關係，信徒們都會容忍，可是現實生活，如學校中，沒有人應該要理會我的傲慢，沒交作業一樣要罰站。

有時候想跟朋友去打球、看電影，可是廟裡有很多人在等我，他們需要我，也給我想要的虛榮，所以我不知道該如何選擇，是當個正常生活的人，還是待在廟裡？當普通人沒有虛榮，但待在廟裡有虛榮，可是也有很多無奈。脾氣和態度被信徒寵壞了之後，回到正常生活很痛苦，在廟裡時只要我說話，其他人都閉嘴，我喜歡的人就會受大家歡迎，我討厭的人就會被其他人排擠，總之，我最大，老娘說了算！

我兩個都想要，可是一個人怎麼能有兩種生活態度？所以就在當中搖搖擺擺，有時候討厭當靈媒的壓力，因為通不準會被比下去，自己養的鬼沒有比別人厲害就會被欺負，所以我不想當靈媒，跑回去當學生。可是當普通人很不習慣，不能等著別人幫妳泡茶、切水果，吃飯不能第一個吃，也不能吃完就讓別人收拾，而且以前的信徒會譏諷我：「妳看妳現在不行了吧！」所以我懷念被尊敬的時候，也想要證明我還是很行，於是又回頭去當靈媒。

這樣來來回回的過程至少有三、四年，大學的時光很快樂，有死黨一起玩耍談心，課業也很有趣，把書唸好也很有成就感，九二一時幫法鼓山做「心安小卡」，全台灣便利商店都有放，看到那是同學和自己一起做的就很驕傲，爾後老師又找我帶同學去災區做家庭訪問，我開著福斯T4貨車與同學住在一起，早上還在公園刷牙，幫助災民蓋起自己的房屋，我發現這樣幫助別人原來更愉快。

大學畢業時上台領到「優秀畢業生獎」時覺得很驕傲，全家老小都到了，在台下為我鼓掌，畢業後留在系上當助教，我很努力地工作、把事情做好，老師們也都很稱讚我，很多機構問我要不要去上班，我發現只要把事情努力完成，就會獲得很多肯定與尊敬，我比較喜歡這種尊敬。

這種尊敬當然比不上神壇的，那種很明顯只有妳最高的感覺，敬著妳、捧著妳、順著妳，拍的馬屁連自己聽來都想吐，有些信徒甚至會跪著給紅包，雙手合十對著妳拜，這種「尊榮」會上癮，但是也非常的空虛，只要一踏出廟宇，那些尊榮就像燃燒的煙火般消失在空中，突然回到現實就像從高處墜落，很沒有安全感，甚至是恐懼，現實就是柴米油鹽醬醋茶，現實就是要與其他跟妳一樣的人恭敬相處、以禮相待，所以躲回廟裡比較好。

從小我就常常聽到有神壇的靈媒說：「沒辦法，一定要當乩童／靈媒，這是上天選的，不當就會很悽慘。」聽說有些人只要離開廟裡就會身體不舒服、工作失敗。小時候我以為這是真的，長大自己經歷過之後才知道為什麼，因為你習慣在廟裡被莫名其妙地尊寵後，回到現實生活中會適應才怪！所以那些所謂的「被選中」、「不得不」，我想很多是因為沒辦法適應宮廟神壇之外的生活罷了，畢竟誰不喜歡被尊重？誰不想是獨一無二的？

記得我以前說不當靈媒後，很多人跟我說，我以後會很悽慘、會家破人亡、會事業不順，當下心裡聽了很害怕，可是我還是不想當靈媒，所以就決心好好當個人，截至目前為止，感謝　真主，我過得快樂極了！我有很健康的家人、有研究所可以唸，還有裁判可以站，更有支持我的老闆和工作，Alhamdulillah。

以前當裁判受欺負時，我心底會想：「在幾年前，老娘不給你放小鬼才怪！」可是我都忍了下來，不可以再用那些好兄弟和咒語，後來　真主給我的禮物好到我作夢都夢不到：我認識很多愛護我的棒球人，還有願意支持我一輩子站裁判的通德 All Star。就像中樂透一樣，通德 All Star 的陳前芳董事長贊助我一輩子的棒球護具，還有出國比賽和美國裁判學校的費用。

陳董事長說：「上帝給你關了這扇窗，會給你開另一個門。」世間萬物總是離不開個「理」字，誠實正派當個健康的人，Insha Allah　真主不會虧待我們。當然　真主會給我們考驗，但是那考驗總不會超過我們所無法承受的，每一個人的生命都是獨一無二的，當個健康的「普通人」，一點都不比整天燒香拜神、坐在蒲團等人供養的「通靈人」輕鬆。

當「普通人」困難多了，因為都要「照起工」，一步一腳印，學業、工作、家庭、愛情都要靠自己，搞砸了會被罵，做錯了會悔恨，哪像當靈媒，永遠不會錯、永遠被尊敬，如果當靈媒說謊不會有報應，我也想要當靈媒。要是拿著當靈媒不可一世的態度去上學、工作，會順利才奇怪！也怪不得會「不得不走向修行道路」。

人生在世哪個不是在修行？滾滾紅塵才是最有挑戰性的人間道場。「當靈媒與否」當然是個選擇，倘若「神明」一定要你為祂服務，那你就叫「神明」托夢給房東和中華電信董事長，讓你不必繳房租和電話費啊！如果「神明」真的要你濟世救人，也可以先把人的本分做好，老實工作納稅就是對社會有貢獻，和善對待家人朋友，何嘗就不是濟世助人？

如果「神明」要人不工作，整天泡茶打坐等人養，這樣就是濟世救人的話，那每個奮鬥打拼的老百姓們，根本就是活佛了吧！既然當「凡人」比當「靈媒」辛苦多了，那麼當「靈媒」怎會是「不得不」呢？人生在世有許多的選擇，選擇要交什麼朋友、要不要讀書、要怎樣做人，所以要不要當靈媒當然也是個選擇，我有看過鬼，也當過幾年的靈媒，但是我是這樣解讀：「我有責任與眾人誠實地分享經驗。」各人造業各人擔，伊斯蘭也說當末日審判時，每個人所言所行一粒沙也逃不了報應。當靈媒與否當然是個選擇，當然也必有報應，並非不去面對就不會發生，這才是貨真價實的「不得不」。

是否擔任靈媒或如何看待這樣的身分與能力，端賴個人的選擇，倘若人云亦云、不加思索，就如同交出自己生命的掌控權，生命非操之於己，又與傀儡、工具何異？直到我們能對這一切了然於胸，也能為自己做決定、負責任，此時我們的心才有機會獲得自由。

身為靈媒的痛苦

東方的大環境還是對通靈人有某種寬容，至少不是直接送入精神病院，在某些情況下還給了不少優待！例如，從小我就學會可以藉由這樣的翻譯能力對成人予取予求，只要我幫忙翻譯或解籤，想吃什麼都能得到！這社會有一群人對通靈人存有立場，覺得人間的困難與福禍取決於另一個無形世界，而通靈人則可以成為當中的溝通橋樑，甚至不只是溝通橋樑，人類那種「人定勝天」、無所不能的念頭總是蠢蠢欲動，部份通靈人便會認為自己能掌控看不見的世界，所以從翻譯者變為掌控者，自以為能與眾神平起平坐，斷人過去、未來，甚至改變命運，若是走到這一步，回頭很難。

要當個靈媒很容易，但是要當個好靈媒就不容易，這跟經營各行各業都是一樣的，以前我作過一個夢：夢到有人來找我尋求通靈幫忙，可是我怎麼通靈都通不準確，非常不知所措，不知該如何是好，接著便被嚇醒了。最近又夢到一樣的夢被嚇醒後，不禁罵自己大蠢蛋一個，不是老早就不幹了啊？可是為什麼還是會有壓力呢？

來請求協助的，男多半問事業，女多半問感情，不過這只是個概況，因為人的慾望無窮，問了一個就會想知道下一個，遇到這個難關痛苦不已，以為這件事情解決後就天下太平，但是我相信一定會有下一個困難。人又不是仙也未成佛，怎麼可能沒有困擾或困難？現在想知道為爸爸辦的喪禮他是否滿意，接著想問他在另一個世界過得好不好？等到要結婚時也想知道老爸的意見，我就等有沒有人接著要問：「要怎麼帶我老爸一起出國度蜜月？陰間的簽證要怎麼辦理？」若是人我還會按捺性子看看怎麼回事，但是近年來還出了一堆問狗問貓的！當我是總機小姐啊！通靈這種事又不是拿起電話撥個零就好。

當靈媒到一個程度，信徒問的不只是能否考上、床頭怎麼擺，你的一句話可能會影響他事業或婚姻的決定，記得我遇過一個輕度身心障礙孩子的家長，家有這樣的孩子，父母總會覺得是報應，孩子也是完整有感受的人，被父母嫌棄與指責，所受的傷不會比任何人少。我大致上告訴家長這孩子的任務就是如此，是給自己也是給家長的考驗，家長釋懷後也比較善待孩子，聽起來是好結局，可是我也有萬一處理不好的風險。就算我作了最完善的評估，我也沒辦法幫對方決定是否要做某項投資，我不知道他是否應該要出國、要換工作？我不知道你爺爺葬在哪裡比較好？當然我也無權幫受暴婦女決定是否要離婚？我的信仰是每個人應該為自己的生命負責、為自己做決定，並為自己的決定承擔和負責，而不是另一個人決定或交由機率（卜卦、擲筊）。至少不該是由我，因為我很怕做錯了會下地獄。

很多事情我真的不記得了，至今我還有個毛病是無法記住人臉和人名，不知為何就是無法認出臉孔，也想不出人家的大名，後來我明白了，這是我生存的本能、防衛的機制，如果不能把每天發生的一切都盡量忘記，我無法活下去。關於這點，林朝煌教練一定能懂我的心：有次跟他聊起青棒選手，他說某某大概無法成器，我問：「不會吧？上次我看你指導他時，一直鼓勵他呀！」他回說：「不然我要跟他說你笨得像豬嗎？還是得鼓勵啊！」有太多病人來找過我，很多時候我只能給希望。有次我告訴某位癌末病人還有希望，友人把我拉到旁邊問：「妳不是說他時日無多嗎？」我說：「我知道啊！」友人又問：「這樣說，妳不怕砸了自己的招牌嗎？」我說：「能讓她有信心活下去，我的招牌算什麼？」

很多人來找過我，也有很多人在我眼前死去，面對死亡，我無能為力。人在死亡之前會有很多掙扎，打從出生就活在工商業的金錢世界，我們還不會使用錢時就學會討價還價：我還不會算錢時就會跟媽媽交易，快點喝完牛奶能否去玩玩具，更小的時候也會用哭鬧來滿足我的慾望；上學會說話後更是天天上演，如何與父母、手足、同學、老師交易，是否功課寫完就能去玩？是否考試滿分就能買最新的遊戲機？借你玩玩具，你就要跟我同一國；從學校畢業後更是時時在交易，大部分的事情都能以金錢來衡量，就算是愛情與婚姻，最後也得納入麵包的考量。至於內在的修養、後世的幸福，也都可以計算：我們能買光明、買功德、買天上的果位，可以用金錢去贖回曾犯的過錯，所以就算是嬰靈也能用金紙打發，幹點壞事當然也可用金紙去補償，最好買這些東西還能拿收據，報稅的時候可以抵稅；我們都很會算、非常會算，可是卻沒有注意到：「死亡必然來臨且無從喊價」。

我們太習慣以金錢「控制」一切，就連精神層面都能以金錢堆砌，但是沒想到「死亡」卻這麼不好講話，一丁點議價空間都不給。人之將死會有些徵兆，例如面容發黑、眉間現綠光、久病之人欲下床。在醫學走投無路之下，許多人會尋求另類醫療的協助，只要有一兩個成功的個案，就是希望！而靈媒就是會被考量求助的對象之一，也因此我過去時常會接觸到病人，特別是癌症、先天疾病和免疫系統的病症。癌症時常會被以為是「卡陰」，先天疾病或免疫系統則常被視為因果病或冤親債主，病人與家屬莫不希望藉由神力去挽回。我也相信神若願意，祂一定會使人恢復健康，只可惜神是神、人是人，靈媒就算再靈也還是人，永遠無法力挽狂瀾。

做人最悲哀的一件事，就是所有人都以為你可以，但是事實上你不行。對於眾人的這種「厚愛」，我真不知道是該哭還是該笑？我說的笑，還是指流著眼淚的笑。到現在我仍有時會忍不住陷入懊悔，期盼時光倒流，而我未曾以靈視幫助過任何人，如同我先前崩潰過一般，哭喊著：「其實我什麼都看不到，其實我都是騙你們的。」我無法解釋為什麼那些人真的受到我的幫助？可以說是家屬的心理作用嗎？我說不清楚為什麼我能處理？但我很明白：「這不可能成功套用在每個人的身上。」靈異的這個世界無法以科學驗證，所以交涉和運用的方法也無法反覆驗證。事實上，我們手中的資源是有限的，與其把成本投入看不見的世界，何不把力氣放在看得見的眼前？這是我所深信的，也想利用天生靈視的能力告訴大家，但我卻眼睜睜看見人們更加沉迷，而我是幫兇。

人要死的時候是什麼情況呢？在那一刻，人慢慢吐出最後一口氣，然後身體毫無動靜，慢慢變涼、變硬，片刻之後，嘴巴微張、眼似有縫微開，人會變灰、變瘦、變小，變得不復從前。有時當人之將死時，會有一靈在旁等候，有髮穿袍、形體如人，但五官如光無法辨識，我曾盡力苦求，但求多挽留一分一秒，再大再狂的條件都能答應，但仍然絲毫無法挽回。但願現實能像電視電影劇情般，有心即能感動天地鬼神，不知道是不是我的心還不夠虔誠？能做的都做了，人還是得走。這只是心軟所以妄想以己之力能改變點什麼，可是其實我明知那是根本不可為，即使是我最愛的父母、兄姐，我的寶貝外甥們，當然還有我自己，遲早都會有闔眼和分別的一天。

我只是人，了不起就是偶爾會對未見世界講講話的人，偏偏總有人拿電影的溫馨情節、起死回生的神話套在我身上，每次，每個生命從我眼前離開，我都像是跟著死了一次。那個人曾活生生地來找我，告訴我願意盡一切努力，甚至散盡家財只求活命，多麼卑微的要求，他沒犯什麼大奸大惡，甚至一生都在承擔家計、為人付出，現在但求活命，這要求難道很過分嗎？我不覺得過分，我也覺得他活下來不會對世界有任何損傷，為什麼神連這點慈悲都不給？神還算什麼神？只可惜，神還是神，而我們不是。

每次，又一個生命在我面前苦求，心知無能為力卻也只能給予安慰。其實我所能給的絕對不會少一分，我才不敢對人命開玩笑，只是太多時候我什麼都不能做。再不久我又會收到死訊，就這樣一個生命消失，而我無能為力，我甚至還得上班、念書，還得照常吃飯打棒球，只是多半我會食之無味、恍神無力，一個生命在我眼前消失，我能開開心心能吃能睡嗎？我必須靠世紀帝國、模擬城市等電腦遊戲讓我脫離現實的世界，讓我忘記這些生命的消逝，也讓我暫時看不到自己的無能。

自己的心靈折磨只是一部分，旁人也會無心地多補一刀。不知道有多少次我已經宣布無能為力，旁人還問：「不用保證有效，只拜託妳來看一下不行嗎？只是看一下都不肯嗎？」如果看了就有救，天天去我都願意，但是明知不可為而為之，對我造成日日夜夜的折磨誰能懂？也有人問：「妳要多少錢才肯幫忙？妳說一個數字啊！」原來我惡毒到必須見錢辦事嗎？原來我要收錢才肯救人，我怎麼自己都不知道？若我真是如此，真主必以燒滾的金、銀淋我身，作為對我的殘酷懲罰。

我不否認靈媒能為世人帶來慰藉、撫慰大家對死亡的懼怕，不過我也時常說：「倘若靈媒此途有效，醫學院就會設靈媒系了！或者至少也會開個靈媒學分班吧！」如果死亡和健康能喊價，古往今來可曾有過不死之人？長生不老是古人的期盼，我們讀到秦始皇四處求藥之舉，傳言還派了童男童女前往日本，我們從小就清楚此舉徒勞無功，但是我們自己卻始終抗拒著必來的死亡。可以跟神討價還價嗎？就算真的能與神溝通，人，終究是人，就算是靈媒，該死的時候，終究得死。

靈視兒童教育手冊

太陽底下沒有新鮮事，既然我是天生這樣子，一定有不少人有跟我類似的經驗，我們不時聽過誰家的孩子有相同的「靈視」現象，只不過在長大後漸漸消失。我想這是因為孩子從一出生就是白紙，思想單純、慾望簡單，由於心清淨、腦部運作也單純，不會滿腦子想著工作、婚姻、柴米油鹽醬醋茶，看這個世界單純，便也容易與靈界眾生溝通，只是年紀漸長，腦子裡裝的東西也多了，自己的思考也複雜了，便漸漸忘記或流失掉這份溝通能力。不過這或許是份幸運，畢竟在這複雜的社會，當個靈媒太苦也太難了。

我將經驗寫下來，除了為生命作紀錄外，也是一種分享，我的童年錯過太多，不希望看見無辜的小孩又步入後塵，當然我的意見也只是一個意見，決定權還是在個人，只是我還是想老調重彈：「或許那孩子有許多不同的可能，不要只因為體質不一樣，就把他推進宮廟神壇，至少請讓他長大後再自己作決定，畢竟人生不能重來，童年也不能重來。」自幼我就很喜歡讀書，故事書、偉人傳記、遊記、小說，甚至古文都來者不拒，文字對我來說有特殊的魅力，因此當我的第一本書放在書局時，擁有自己的ISBN[6]，心中興奮自然難以言喻，於是便抽了空去書局，看看自己的書擺在那裡的樣子。

但是我非常失望，《靈界的譯者》居然是躺在「宗教命理術數」之類的區塊，我難掩失望地站在書櫃前面，陪我去的昭君學姐則想辦法安慰我：「妳看旁邊就是聖嚴法師的書，聖嚴法師耶！這樣有沒有好一點？」唉！當店員走過身邊時，我按捺不住地請問她：「為什麼要把這本書擺在這裡，妳看看內容，作者就是想倡導不要迷信，為什麼你們要把它擺在這個區域！至少、至少擺在親職教育區也好啊！也能給生有靈異孩子的父母，當做育兒手冊也對社會有點交代啊！為什麼要擺在這裡？為什麼？為什麼？」這位女店員非常有修養和智

[6] 國際標準書號（International Standard Book Number，簡稱ISBN），是為因應圖書出版、管理的需要，並便於國際間出版品的交流與統計所發展的一套國際統一的編號制度，由一組冠有「ISBN」代號的十位數碼所組成，用以識別出版品所屬國別地區語言、出版機構、書名、版本及裝訂方式。這組號碼也可以說是圖書的代表號碼。

慧，她給我的回答是：「會迷信的人都會來這一區找書，這樣妳才可以把理念傳達給他們啊！」對啊！我只差沒有破涕為笑（雖然很難過，但是沒有哭啦），反而帶著開心的心情離開。

由於我的觀點在台灣的信仰中並非主流，特別是用字遣詞，肯定會招致某些信仰者的不悅，因此對於出書與否曾有不少猶豫。還記得當初提起勇氣，點頭與出版社簽約的前一天，在報紙上看了一則新聞，一名可愛、漂亮、聰穎的小男孩，穿著濟公的服裝，一手持扇、一手持葫蘆，扮演著濟公活佛的角色，報導中提到這孩子很有佛緣，所以扮起濟公來不但發心也有模有樣。這則報導成為我下筆簽約出書的最大動力。試想，孩子總會想辦法討父母成人歡心，小時候我也喜歡報大家樂明牌後，大人們誇我厲害、最棒，所以不知道是非也不知道後果，甚至不知道到底發生了什麼事情，就這麼不明就裡地發展下去。在成人的簇擁之下，幼稚園不好玩，學校也不好玩，在教育體系下不會因為扮濟公或三太子而加分，罰站的機率還比較高，當然濟公或三太子也不會附身幫忙寫功課，在當乩童尚未能成為一項才藝或社團而有助於升學之時，功課好的靈媒真的沒幾個。說真的，在廟裡還比較輕鬆，誰想去學校？

孩子從出生起就從照顧者的身上探索世界，睏了、餓了、渴了就用哭鬧讓大人知道他的意思，相反地，大人也用制約（conditioning）的方式，教導小孩生活的「規矩」。制約是指一種控制實驗的方法，照此方法去設計實驗，控制有關變項，就可以得到對受試者（人或動物）預期行為改變的結果。制約又分兩種：古典制約與工具制約。古典制約就是若製造鈴聲後再給狗狗餵食，久了之後狗狗若聽到鈴聲就知道會有食物，不必看到食物也會流口水；而工具制約是偶然得到解決問題的方法，動物就會記憶和運用該技巧，例如把貓關在籠子裡，牠要按到某個按鈕才會有東西吃，貓咪一開始可能是到處亂闖，偶然碰到按鈕之後就有東西吃，幾次下來牠便會「學習」到，若按到按鈕就有東西吃。而我們生活的世界就是這樣被制約著。小孩子就在成人的「訓練」下，找出生活的方法，即使還不會說話。

我就是這樣懵懵懂懂地長大，或許有些靈界眾生看來特別恐怖，但我最害怕的是大人。每每說到我看到成人所沒見到的景象，大人就會用驚懼的眼神說：「不要亂說！亂講話！」就算不清楚到底發生什麼事，但我知道一定是不好的事情，所以我學習到：「我看到的東西是不好的，應該是恐怖的。」就算我與靈界眾生各自相安無事，不過從大人的肢體語言和態度，我知道這些東西不好又可怕，甚至覺得自己會看到是不好的。這就像是從小教導女孩生小孩後一定要坐月子，或者過年一定要安太歲，不過到了國外，婦女生了孩子可以當日出院，還喝可樂哩！歐巴馬的媽媽也都沒幫他安太歲，歐巴馬還不是當了美國總統！

當孩子告訴你：「房間裡有個長頭髮的姐姐！」你要怎麼辦？驚恐的表情只是告訴孩子：「你說的是可怕的事情！」讓小孩也學會一起害怕。帶小孩去收驚、找老師來家裡看風水、灑淨，如果一次就能解決也就罷了，可是像我是被收驚收到學會幫人收驚，可見得一味的拒斥並非長久之計。研究所的至心學姊看了我的書，直說這是本「育兒手冊」，這讓我開心極了，她的寶貝小栗子的平常生活，和我描述的童年簡直如出一轍。有時候在路口小栗子就哭喊不肯向前，往前一看才知道那裡有喪事或法事，有時也會哭鬧不肯下樓，下樓一看才知道原來樓下在燒紙錢，路過神壇時比著「怕怕」的手勢，當然家中偶爾也會有不速之客來訪，小栗子還會指著空氣問媽媽：「好多人？」不過媽媽沒有因為看不見就說小栗子說謊，也不會叫小栗子閉嘴，而是安撫小栗子別大驚小怪，我們避開就是了，日子久了，小栗子也對這些現象習以為常，在眾長輩的呵護下，日子過得挺好的呢！

我姐的大兒子 Tiger 童年也與我相仿，時常會抱怨學校同學人變多，催他去洗澡時會抱怨：「廁所有大頭鬼，這樣被看是要怎麼洗澡？」我不想知道這孩子為何看得到？是祖先牌位？還是墓穴？是帶天命？還是精神疾病？當他又抱怨晚上睡覺常聽到走廊有腳步聲時，我反問他：「你半夜會不會起來上廁所？」他說：「會啊！」我便說：「我們也沒嫌你煩，阿飄也沒怨你吵，人家只不過半夜尿急路過有點大聲，你就要計較喔？」Tiger 現在就讀大學，最大的苦惱是無法逗女朋友開心。

而小栗子在母親的用心照顧下，去年開始上托兒所，托兒所的日子讓小栗子很忙碌，有許多事物要學習，也要交許多新朋友，近日小栗子的媽覺得她

「靈視」的頻率降低許多，不再像過去敏感，也少有抱怨看到什麼無形眾生，我想這是孩子忙著學習新事物，腦子與生活都變得忙碌與複雜，讓這份「靈視能力」因為少用而漸漸減弱。

Tiger大概也是這樣的情形，約莫在上小學後就漸漸恢復正常，值得注意的是，他在就讀高中時又開始抱怨會看見，不過我們還是一樣冷處理，建議他專注在自己眼前的生活與責任。他在考大學的基測結束後，這一現象也隨之消失，我認為突然在某一時期又發生，是壓力過大的緣故，過去在宮廟也有不少家長帶著小孩來求助，說孩子對於會看見無形眾生感到很痛苦，甚至會變成類似精神疾病，必須休學，不過其中大部分多半是家裡有問題。例如家中有人自殺或家庭暴力、外遇等因素，促使小孩發生了「靈視狀況」，這都是小孩無法適應壓力的例子。因此處理靈視小孩得對症下藥，不是非得找高人老師用祭改的方式做處理。

相反地，如果我對Tiger或是我學姐對小栗子的反應，是到處想辦法「抑制」，把現象「壓制」、「掩蓋」呢？就我個人經驗，這些無形眾生是很自然地生活在我們的周遭，大家各過各的日子，各走各的路，用自己想像的方式去「治鬼」、「驅魔」，倘若這些符咒、法術有效，那這世界上就沒有鬼了吧！這些鬼老早就被統統抓起來關在籠子裡了！既然它們是如此稀鬆平常的存在，何不與它們和平共存。若去走宮廟、燒紙錢來處理，搞不好遇到沒良心的鬼，把小栗子當提款機：「吵吵小孩就能收到紙錢」，很難不來亂吧？我感謝我的父母，他們不會把我帶去巡迴演出，要我幫人處理喪事前也得先把功課作完，要完成拯救世界、濟世救人的偉大任務之前，還是得準時上學、交作業。因為我是人，我有眼前要完成的責任，例如：整理房間。

再換個角度來看，同樣的情況若解讀為「這孩子有天命。」一孩子因此必須去打坐、去訓乩、去學習各項宗教事務，甚至被決定終生獨身，這簡直是拿孩子的一生幸福開玩笑。當然了，藏傳佛教有所謂「活佛」[7]的傳統，這樣的宗教現象有其歷史時空背景。最初藏傳佛教的僧人是可以結婚生子的，但人的世

[7] 正確應稱「仁波切」，是直接從藏文的音翻譯過來的名詞。藏文的意思是「大珍寶」。

界難免會有風紀敗壞，因此改革派發起僧人必須維持高度紀律，因此新興的教派對僧人規範甚嚴，結婚生子不再被允許，可是，繼承人怎麼辦呢？「活佛轉世」就是解決的良方，姑且不論活佛論證的各種不可思議，在資源稀少的西藏，「菁英主義」是最好的發展策略。而所認證出來的活佛（仁波切）並非直接承擔各項宗教事務，仍需透過各項學習、課程，甚至閉關修行，才能肩負渡化眾生、撫慰人心的重責大任，而「神通」、「靈視」則非認證的唯一標準，更非日後擔任眾人景仰的宗教師之要素。要成材不容易，不是打從娘胎出來或成日打坐就行了。

孟子說：「舜發於畎畝之中，傅說舉於版築之間，膠鬲舉於魚鹽之中，管夷吾舉於士，孫叔敖舉於海，百里奚舉於市。故天將降大任於是人也，必先苦其心志，勞其筋骨，餓其體膚，空乏其身，行拂亂其所為，所以動心忍性，曾益其所不能。人恆過，然後能改；困於心，衡於慮，而後作；徵於色，發於聲，而後喻。入則無法家拂士，出則無敵國外患者，國恆亡。然後知生於憂患而死於安樂也。」這還不是「天命」，只是「大任」而已喔！大任就這樣了，天命還得了？

若覺得自己小孩子是帶天命，除了天生看見鬼之外，他還得受很多磨難與挑戰，如果連功課都做不好、房間不整理、畢業無頭路，恐怕與拯救世界、普渡眾生還有點距離。

倘若孩子真帶有天命，做家長的也無須心急，人各有命，孩子要是真會走上那條路，要攔也攔不住的，可否就讓孩子先享受一生只有一次的童年，出社會後苦多甜少，擁有一段美好的童年回憶，就是給孩子最棒的禮物。

相信自己的價值

夢境帶來的啟發

在沒有信仰之前，我過著無根的日子，心底很不踏實。對於是否徹底不當靈媒，也是經過反反覆覆的掙扎，靈媒就算有千百個痛苦與不好，至少也這樣過了二十年，要離開一個最熟悉的位置、又看不到確切的未來，放棄，談何容易？我會試著聆聽「自己的聲音」，不過人活在面具下久了，很多時候連真正的自己都不清楚，上了榮格心理學的課程後，才知道靈魂不會騙人，後來我將自己的夢都紀錄起來，並視「作夢」為靈魂與我的對話。

以前在江湖的日子太刺激了，會把人弄得瘋瘋癲癲的，我的性情時常大起大落，容易陷入悲傷和死亡，另一方面則玩世不恭，像小孩子一樣逃避責任，凡事但求好玩而無視責任。一晚我夢見自己在山中鄉間騎著自行車，車上有個兒童椅坐了個三、四歲的小男孩，我們隨著下坡滑行速度很快，每每到轉彎時則有跌倒或跌出道路的危險，我心底有點害怕，不過懷裡的小男孩卻被逗得樂不可支，他的歡笑讓我不想停下車，可是腳踏車的速度卻越來越快，每個彎道轉彎越來越危險，小男孩沒意識到還是繼續笑著、玩著，我卻知道再這樣下去是不行的！

這個夢境使我認真思考當前的生活態度：掌控方向盤的我是要一路玩下

去？還是要知道何時踩煞車？當然，我選擇好好過我的生活，把家庭、學校、工作中的各個角色扮演好；至於靈媒，我還是有些許眷戀，偶爾會出現個念頭：「萬一我真的是肩負使命怎麼辦呢？」「夢」又給了我一個方向，我夢到：「返家後，看見家裡最裡面的廚房成了我的靈堂。」看著自己的靈堂，我瞭解到「某部分的我，必須死掉！」最該死掉的便是「彌賽亞情結[8]」，後來自己慢慢觀察、慢慢修改，我萬分慶幸這個決定，放下後的輕鬆，讓我更能跨步行走、海闊天空。

揮別過去又不是刪除檔案，按幾個鈕就行了，不論願意或不願意，往日的回憶總會縈繞心頭、欲理還亂。還是得問問「自己」該怎麼辦？「夢」又再度指引我：夢中的我知道自己做錯事情，犯錯後的殘留如有形垃圾，我把那些垃圾丟進垃圾車裡，垃圾車會用壓縮機把垃圾強制捲進車中，就在所有證據要捲進去時，突然發現一角竟是一雙人腿！我當下就知道那可是一條人命，想要去

[8] 又稱救世主情結，意指覺得自己是救世主，能夠拯救世界或某個人，無法接受自己是平凡人。

救又擔心自己的錯誤東窗事發，但那一刻還是覺得人命要緊，就算是留下證據也得認了！

於是我對車子喊停，救人要緊，救下來一位六、七歲的小女孩，我揉揉她的身體四肢，她不但毫髮無傷還能對著我笑，只是衣服和身體都髒了；遺憾的是後來又發現身旁有具約十歲男孩的屍首，我除了負起責任外也得處理後事，方式則採用火葬：下面堆著木材，上面放著大體，我抱著小女孩看著火化進行。夢裡什麼事情都有可能發生。在夢中我感覺男孩要轉身過來，我趕緊背過身去，害怕看見男孩的面容，因為我害了他，沒臉見他。但我卻又想到：這可是自己惹出來的，不面對，行嗎？

我決定轉身面對，也看到男孩屍首翻身看我，那第一眼真是既羞愧又害怕！我看見男孩怒目的灰色面容與身體，我非常非常地懼怕，我注視著男孩空洞的眼睛，對他說：「對不起。」就在那刻，男孩的面容不再那麼恐怖。火化時最糟糕的情況就是木材不夠，那堆木材只剩下中間，因此那男孩還有頭與肩膀、一隻手臂還未火化，我想把剩下的屍首挪到有火力的地方，不過男孩卻移動過去火化自己。

抱著小女孩的我愧疚多於害怕，小男孩的身軀火化到只剩下頭顱，而那頭顱正面對著我，我告訴他：「對不起，欠你的，後世全都還給你。」那男孩竟對我點點頭和微笑，接著慢慢都化於火中。而我也在此時驚醒，思考著靈魂要告訴我什麼？夢很驚懼，醒後的心卻由懼轉安，「誠實面對」原來不是個點的決定，而是線或面的過程，看來在獲得誠實的平安前，有好長好苦的過程要面對，要很勇敢，才能直視。

還記得褪去靈媒這身分的當時，心中悲苦到如「馬到臨崖路已盡，苟且偷生難為人」，放下的決定難，面對的痛苦更難；社會學的理論說到，人會去做一件事情有三個原因：一是想要好處，二是避免壞處，三是從眾。從眾講白話一點就是：「大家都這樣做，我也這樣做，祖先這樣做，我也這樣做。」當靈媒如果是為了要獲取好處（如榮華富貴）、或者是要避免壞處（如悽慘落魄）也就罷了，若這一路走來是因為「大家都說要接天命，接了很好，不接很慘。」自己的生命原來是一場「從眾」，自以為助人的志業卻傷人，這一切來臨時要如何苟活？

雖然過去我還真的幫助過人，但我事後細想：「倘若一切皆為前定，所有都是注定，我也不過是個過客罷了。」真能有好結果是神或者是業力，與我何干？浸淫在「我能幫助人」不過是另一道迷障，總總的「功績」看來只能「花隨水、水不能戀花」，這樣路才走得開闊。放下，是為自己好，開車能有GPS，作人就沒有了，雖然沒有人生GPS，但有許多人生智慧能當作明燈，預測未來的路況，莫要馬入窄道，難以迴馬，不管路走到哪裡，結果終究還是要自己承擔。

請勿嘲笑別人的夢想

小時候我的願望和許多小朋友一樣，夢想著穿著中華隊的制服到美國參加世界少棒大賽，就算明明知道自己是女生，也不能參加正規棒球隊，就算被笑，我還是心存美夢。直到過了少棒的上限年齡後，夢碎了，但曾經有夢還是很美，所以喜愛棒球未曾消滅，我只要有時間就盡量親近棒球，而棒球給我的驚喜也未曾少過。

離開少棒資格已經十八年了，一天突然接到中華棒協的任務：「今年小馬聯盟世界少棒賽時間先空下來，如果中華隊拿到代表權，妳就帶隊當管理與翻譯吧！」哇！我還沒有去過美國耶！美利堅合眾國耶！樂得我在家一直喊：「阿美麗坎、阿美麗坎」，其實除了棒球，我也想不到去美國的理由，只是此行還有個前提：「中華隊要拿到亞太區代表權」，最糟糕的是亞太區代表權竟在韓國舉辦，可想而知韓國必定不擇手段要把冠軍留下，許多人都勸我別想了，不過台東泰源少棒還是完成幾乎不可能的任務：「在韓國擊敗韓國隊！」

美國有許多僑胞，他們的照顧自然不在話下，僑胞自主排班照顧我們的飲食，避免水土不服而生病或影響表現，我也跟著泰源小將們沾了光，僑領羅姐還訂做了一個冰淇淋蛋糕替我在球場慶生，感覺真棒！很多認識或不認識的人都過來與我打招呼，對我說生日快樂，返台那天，羅姐的先生又圓了我想看美國大聯盟比賽的願望：在舊金山灣觀看巨人隊與道奇隊的比賽，賽前我還跑去向郭泓志打招呼，我的大呼小叫換來郭泓志對我揮手，得意的哩！本想能看場大聯盟比賽就夠讚了，那晚羅姐的先生還帶我進豪華包廂看球，那可是我看電視轉播才「聽說」的，作夢都沒想過竟能坐在那裡看球，所以雖然晚上天氣很冷，我還是努力灌了很多杯檸檬加可樂！在那裡我也和洋人處得很好。真的很難解釋為何洋人總是對我很友善？可能因為他們是洋鬼子，而我跟鬼子一向溝通無礙吧？例如在沃爾瑪超市搞不定美國手機儲值的問題，那洋人卻堅持一定要幫我搞定，當然我也表達萬分的感謝，對方說：「我一定要幫妳解決，不然妳下次來可能遇不到像我這麼好的人了！」我們相視大笑。也常有洋人請我吃東西，我必須承認自己很貪吃，所以這樣我就覺得很幸福。

最感意外的是賽後獲得季軍的頒獎，我忙著聽廣播唱名並協助翻譯，好讓教練與小將們依序出場領獎和列隊，突然我以為自己聽錯了：「大會也唱我的名字耶！怎麼會？」一直到場邊工作人員瑪莉安拍拍我，要我快去，我才相信這是真的！超開心地三步併兩步衝去本壘板領獎，大會在我脖子上掛了獎牌還給了一個臂章，我笑得燦爛萬分並忙著向四周揮手致意。人生際遇不可思議，換個角度來看，我也完成兒時夢想了！只是晚了十八年，那天正巧是我三十歲的生日。

這件事情對我影響頗大，剛開始我加入裁判行列時很不順遂，覺得很生氣、很不公平，發表意見的下場是被反譏：「妳算什麼？妳是算什麼？」站的姿勢被笑，跑的樣子被笑，種種負面的評論就是要我覺得：「女生站裁判這種夢想很可笑！」，我雖然很樂觀但不是無敵鐵金剛，雖然想當個好人但當不成聖人，所以我希望欺負過我的人都有報應，二〇〇八年年底我幾乎就要放棄裁判工作，可是我卻在此時受到洋基隊的幫助，繼而又受到通德 All Star 的幫助，只是我還是想抱怨，還是覺得不公平，為什麼做錯事的人沒有報應？為什麼對我這麼惡劣的人還是站在球場上當裁判？不過二〇〇九年這一連串的驚喜，讓我那些抱怨和不滿情緒，由於大家的愛，便漸漸不再纏繞著我。

有時候我會問我棒球上的貴人們，例如通德陳前芳董事長、澳洲裁判馬克古丁、澳洲教練與球員，以及洋基教練們：「為什麼你要對我這麼好？」不管他們的理由是什麼，我都答應他們：「我會繼續在棒球上努力，若有能力，我也要像你們幫助我一樣，也去幫助別人。」即使我現在能力還不夠，但我有這樣的心願和自我期許，就算有人嘲笑也要堅持。

棒球給我的東西太多，可是我好像不能為棒球做點什麼！不過當我站裁判的時候，就覺得自己有在幫棒球做事，因為一場球賽總是要有裁判執法，這個工作吃力不討好，但卻是完成比賽的一部分，每次我站比賽當裁判，看到球員很開心專注地享受比賽時，就覺得很有成就感；同樣擔任比賽翻譯或者照顧球員、幫他們撿球也好，只要對比賽有幫助，我就覺得終於能為棒球做點事情，雖然一點都比不上棒球給我的。當然我也害怕自己能力不夠、就算努力也達不到要求，辜負這麼多幫助我的人，不過害怕好像對當個好裁判沒什麼用，找出辦法克服比較實在。克服恐懼的方法很多，因為我不會吞火球，所以我選擇厚植實力。

我這個人很貪心，想要完成的夢想很多：拉二胡、吹小喇叭、空手道黑帶、出書、棒球國際裁判、中華隊一員、看大聯盟比賽，甚至是早已超齡十八年的「世界少棒大賽」，大部分都是在我犯太歲的那一年當中發生的，當然，我沒有去安太歲。生命有無限可能，我也沒想過夢想能實現這麼多項，連世界少棒都能死會活標，所以，為什麼要嘲笑別人的夢想？是因為自己不敢夢嗎？沒有夢想的人真可憐，以為自己的夢想不會實現，也不樂見別人的夢想實現。

到底誰在作主？

做人是一條很長很長的學習道路，過去澳洲球員教我：「只要聽愛妳的人的意見，其他會傷害妳的，都不是愛妳的人，所以根本不要甩。」這樣做比較簡單，也很符合洋人直線思考的頭腦，可是換成在人際關係複雜又微妙的東方社會，好像還是有不小的文化差異，例如：不論我怎麼解釋，澳洲人總是無法理解，為什麼台灣人向辦公室請假有多麼困難，老闆多半不會恩准妳請假一週，去追尋友情或愛情。

人的心念很難「管」，想起通德陳前芳董事長勉勵過的話：「要感謝生命中幫助妳的人，也要感謝看不起妳的人、討厭妳的人，因為兩者都會讓妳成長。」其實當下聽到還是會有些不服氣，想起過去球場上曾欺負我的人和事，我都會希望他走路跌倒好了，雖然我承認因為過去的阻礙激勵我往前走，但要做到以德報怨，我還遠遠不行，心中仍不以為然地想：「孔子說以直報怨就夠了啊！」

做人要做到人人都喜歡，或人人都討厭，都不可能，想想人終究只能當自己，可偏偏人就生活在社會人群當中，怎麼可能沒有他人指教？既要當自己，又要健康地活在人群當中，這簡直就是藝術了！我喜歡把棒球往牆上丟或空中拋，然後再把反彈球接進手套，反覆練習中不用思考也很快樂，只可惜做人不像丟接球這般單純。

我在法鼓山書店看到一個我很喜歡的小木牌，因為上面寫著四個字：「誰在作主？」我每天都帶在身上，有空時就摸摸上頭的字，盡量提醒自己能覺察現在「作主」的是什麼情緒和慾望？效果很顯著，我發現自己的負面情緒少很多，因為我不想讓情緒或慾望主宰我的生活，心情就自然開朗，就算人和人的互動不總是單方面的，但是當我能看到對方負面情緒和慾望正要牽動我時，就能決定自己要被影響多少。

現在就能多體會另外一層「不管好壞都是貴人」的意涵，不會像以前當對方無理或無禮時，第一個念頭就是：「神經病走開啦！」反而換成：「會不會我是他的神經病啊？」只不過現階段都還是謝謝再聯絡，既然我是神經病，那我就離對方遠一點好了，如果對方還是會要黏過來挑起戰火，就告訴自己：我就算是神經病，還是有人願意理我耶！這樣想就會很幸福了。

我非常感謝命中這些貴人（不過主要還是感謝給幫助的系列啦），我最感恩的是身邊有他們願意跟我「說真話」，哎呀！年輕人總是會幹些自作聰明的蠢事，我的道教老師李豐楙教授總是跟我們說：「人不輕狂枉少年啊！」輕狂代表著年輕時的不成熟，也象徵著能夠勇敢築夢的爆發力，我受惠於「狂」而能突破一些框架，勇於探索自我，追尋夢想，但也有貴人們提點我，讓我築夢踏實。

我覺得孔子真的是一位很偉大的老師，他是教做人而不是教句讀。他說：「不得中行而與之，必也狂狷乎。狂者進取，狷者有所不為也。」（他覺得很難達到中庸的話，狂者和狷者也都有優點），因為要中庸實在是太難了啦，只好有時候狂一點，有時候狷一點，試著學習取得其中的平衡，忙著調整自己的翹翹板，也就不會覺得外界影響自我太深了。

我想我的本質是很難改了，只要不哭就像在搞笑，所以只能磨呀磨呀！把自我磨得小一點，個性的尖端磨得鈍一點，脫韁的野馬很爽快，但也容易扭傷自己也撞傷別人，畢竟這年頭雖然心靈成長的書籍很多，但是現實生活中的人際關係，彼此互相尊重並不是理所當然的基本原則，倒比較像是願望，或是吵架時拿出來說嘴用的。所以嘍，想對和自己說真話的貴人感恩，最好也讓自己能當自己的貴人。說真話，誰在作主？

幾年前寺裡的阿訇需要做研究所作業，所以找我拍了一小段當靈媒時的自述紀錄片，來到以前開廟壇的「遺址」，現在已經改租為辦公室，遇到對面開洗衣店的阿伯，四目相交時我笑著對他打招呼：「阿伯，你還記得我嗎？」阿伯很意外，說道：「當然還記得，妳長大變很多，可是還是認得出來，怎麼會跑回來？」我說有人要做作業所以來拍以前的事情，台灣歐吉桑於是開始對攝影機加油添醋話當年：「厚！以前這裡人很多，還有很多有名的人來耶……」

那時候的感觸至今還很深刻，好像阿伯是在講別人的事情，那些過去都離我很遠，我不確定是不是跟我有關係，或者是否真的發生過？這應該是一種心理機制，否則沒辦法度過當年那些日子，以前很多的事情我都想不起來了，不小心想起那些好兄弟或者追悔不及的事，我就埋首電玩世紀帝國或者書本當中，這樣眼淚就不會掉下來。

很多人鼓勵我整理以前的經驗，或者把鬼世界弄清楚，我也曾想這樣做，可是現在我做不到，我只想好好把握我做人的權利和義務。我也並不是要一竿子打翻一船人，或許因為當年我能力太差所以無法做好靈媒的工作，所以現在覺得很多靈媒和探索者正在走著不歸路，好吧，就當是在提醒自己：並不是起心動念是善意助人就是好事，不是你以為是在作好事就不會傷害別人／鬼，一心向善助人不代表你就不必為該行為負責任，「好」或「不好」並不是自己說了就算。

我的眼淚某層面也是為無知的人所流的，我很難過他們為什麼會被神壇牽著鼻子走？甚至當我願意說實話，他們還是相信燒金紙可以改變命運、超渡嬰靈？為什麼？要我怎麼說、怎麼做，才願意相信你座前的靈媒也只是個人，是有七情六慾、會吃喝拉撒的凡人?就算他真的能跟神鬼溝通，身為一個人的你，價值一點也不低於靈媒。

我的眼淚某部分也是為自己而流的，因為我曾經以為我參與經營的道場神壇能夠不一樣，可以幫助到別人，也能讓人相信自己、不迷信，透過一些神通小把戲解決人們的困難，盼望藉此扶起他後能夠自立，不過我失敗了，有時候信徒真的自立之後，神壇宮廟反而不放過他，希望信徒永遠留在裡面當信徒，是為了金錢，也為了面子。

伊斯蘭說當我成為穆斯林的那天，真主赦免我過去所有的罪，希望是如此，但是我還是很擔心。我想如果可以讓人少拜鬼、燒紙錢是好事吧?倘若能勸人別跟鬼打交道、以此牟利更好吧?所以我寫文章跟大家分享，至少看了之後不要燒紙錢好嗎?請您行行好吧!不要把自己辛苦賺的錢換成紙錢燒掉，你的智慧與價值一點都不比看得到鬼的人要低，只要你努力認真地過日子，誰能抹煞你的價值呢?

認真生活真的很快樂，擺脫當靈媒的過去，投入工作和棒球之後，我的生活變得更加多采多姿，最重要的是可以過得很踏實，當然我得到的幫助太多了，像是All Star通德、澳洲人和洋基等，讓我覺得得到多於付出，但我告訴自己就接受吧！不過不同於靈媒是在虛無縹緲間，無理收取信徒的好處和信任，現在我把接受的好處都記下來，然後可以再傳給其他人，這樣就不會有可怕的報應吧？

不是當靈媒就可以幫助人，害人不淺的也不少，就算自己想當個助人的靈媒，也不一定是那塊料。靈媒是在助人還是搜括自己的利益比較多一些？或許兩者兼有，只是比重的問題。做靈媒很難，就像做人很難一樣，兩者的生活都是選擇也都是考驗，我相信重點在於認真地過生活，每個人都是獨一無二地，沒有比較只有尊重，相信自己的生命價值不比誰低，因為每個人都一樣珍貴。

2.

從心理學觀點看生死——

以理性角度認識學術中的生死論

心理學中的非自然現象

漢朝的王充在《論衡．訂鬼篇》中有提到：

凡天地之間有鬼，非人死精神為之也，皆人思念存想之所致也。致之何由？由於疾病。人病則憂懼，憂懼則鬼出。凡人不病則不畏懼。故得病寢衽；畏懼則存想，存想則目虛見。

由此可知，王充將鬼的存在歸因為心理因素，乃因人們心中作祟而產生鬼神之說，這也是對鬼神信仰的一種解釋，只不過這樣的想法並非主流，如果說我是出生就生病所以才看得到鬼，對我也太過殘酷了吧！此外，太多的「個案」和「經驗談」都將鬼神世界描述得活靈活現，遊天堂、逛地府都能寫成遊記，如果可以照相，恐怕都能出旅遊寫真書嘍！今日以西方科學當道，鬼神信仰者也期盼能以「科學」印證自己的信仰。

十九世紀以來西方科學興盛發展，其中研究「人心」的心理學也搭上這班科學列車，其實心理學可以說是最古老也是最新的學問，因為了解「靈魂」、「人心」、「死後世界」等等，是全世界全人類的共同疑問，因此從最早的哲學家就有這些方面的研究與論述。而「科學」在這兩個世紀儼然成為一切的解決方法與準則，宗教信仰者多少會被人以迷信的眼光看待。在幾個世紀以前，「無神論者」被視為沒有靈魂的瘋子，或是自絕於宗族家庭的不孝者，然而，到了今天不但不會被抓進大牢或排擠，反而有「理性者」的風雅，當宗教信仰者要以科學和理性與自己和他人對話時，心理學成了最接近的一門學問。

心理學最早可以追溯到古希臘時期，可以說是研究靈魂的學問，有蘇格拉底、柏拉圖和亞里斯多德等大家探討身體和靈魂的關係；十六世紀文藝復興時期時，理性主義、經驗主義和浪漫主義都對心靈研究闡述有加；而我們所熟知的「當代心理學」，則是在一八七九年由生物學家馮德在德國萊比錫大學正式創立，他設立了第一座以自然科學實證取向的心理研究室，揚棄傳統以哲學思辯來研究心理現象的走向，心理學自此從哲學家所關心的靈魂和心靈，轉變成人的「意識」，既而開枝散葉，形成現代各種取向和面貌的心理學。

心理學（Psychology）[9]在學術上，是研究人與動物行為的科學，想要用科學方法對人或動物行為進行各種研究，希望獲致原理原則，進而解決有關問題並建構理論。心理學家除了研究外顯活動，還包括內隱的一切心理歷程和神經系統、內分泌。幾乎只要與「人」有關的學科，都會有心理學運用的空間。

若從心理學的觀點，來看「靈視」與這些非自然的現象，大多以「心靈學」[10]或「心理玄學」（Parapsychology）稱之。心靈學的研究多為主觀而且著重經驗，與心理學遵循科學法則有別，主要研究的兩大主題，一是超感知覺（Extrasensory perception，簡稱ESP），其中又分心電感應（telepathy）、超感視覺（clairvoyance）、預知（precognition）等三部分。例如：能夠知道別人在想什麼、能透視或看到千里之外的事物，和預知未來的能力。另一主題則是心理學致動術（psychokinesis，簡稱 PK），主要是研究靈奇現象，像是不需要用任何工具就可支配物體移動。簡言之，西方的靈異比較像是哈利波特般的內容，台灣人則是對與靈界打交道比較有興趣。

光是能得知對方心裡想法的「心電感應」，和看到外來事物與靈視現象的「超感視覺」，就足夠台灣靈異界鬧得沸沸揚揚了，不過這類事物只是心理學中的一小支，跟重視客觀與驗證的心理學有很大不同。即使只是靠人的一張嘴講自己的經驗，絲毫沒有客觀的驗證，靈異界的從業人員也不會感到困擾，在台灣只要冠上「靈學」，看起來就會既科學又很深奧，沒人關心正統的心理學到底在說什麼。實際上心理學運用的範圍其實相當廣泛，就連工商業都大幅加以運用，許多大學生在通識課或選修課中都有機會修習到。

❾ 註解摘自張春興教授之《張氏心理學詞典》（1995），第五二一頁。

❿ 註解摘自張春興教授之《張氏心理學詞典》（1995），第四六九頁。

「靈學」附會「心理學」的結果，倒也洗刷過去乩童沒讀書、沒知識的刻板印象，「靈學導師」、「靈學諮商」叫起來真是悅耳又體面，陰暗狹小的宮廟神壇，也可以轉換成身心靈工作室，不過這樣也太過分利用「心理學」的名號了吧？

台灣目前沒有類似國外「心理醫生」的職稱，最接近的只有正統醫學系畢業的「精神科醫生」。大學心理系畢業生必須考取相關學位，才有資格參加證照考試，通過後才能進入醫療單位擔任「臨床心理師」。「諮商心理師」也是一樣，取得執照前必須修習一定學科，還要實習至少一年，及格後才能拿到碩士學位，方能參加考試。所以不管是「心理醫生」，或是「臨床心理師」和「諮商心理師」，都是不能亂用的職稱，否則是既犯法又很沒禮貌。

這些受過心理學專業教育的人，對靈視或其他靈異現象皆視為「非常態的現象」，他們同意理解其存在，並非一味否定。至於「我是不是帶天命救世？」、「我是否真的可以暢行陰陽兩界？」、「我所見所聞到底是不是真的？」則非心理學關注的課題。心理學關心的是「人」如何獲得健康的人生。

榮格的集體潛意識

談到心理學界的靈異大師，就一定要介紹「榮格」（Carl Gustav Jung, 1875-1961），他廣泛研究各種神祕現象，除了宗教，也研究夢境、幽浮，和魔法，還學會用易經卜卦，甚至自己也有多次與鬼接觸的經驗。我會接觸到榮格心理學，是在一次社工訓練活動的讀書會上，一開始是閱讀與課程講授，接著是學員們練習互相解析夢境。夢的解析是血淋淋的功課——前提當然是自己有意願，也要夠坦白。課程進行到一個階段後，我選擇「坦承過去」，並進入一連串整理和解析的過程。不知道是巧合還是命運的安排，我怎麼上個社工課程、心理學課程，都會與靈異相關？

榮格在自傳中有一段十二歲時的回憶[11]，讓我十分敬佩他對自我探索所下的功夫，以及面對自己時誠實又誠懇的態度，這對我走出靈媒的過去有極大的幫助。他提到在學校被同學霸凌後無法學習和上學的往事，在家過了六個多月自由自在不必上學或負責任的快樂日子，甚至埋首於神祕的世界當中。但榮格的雙親非常憂慮擔心，遍請醫生診治卻無法得出結果，他聽到父親說：「他們（醫生）認為可能是癲癇。要是醫治不好就太可怕了。我已經花光僅有的一點積蓄，如果這孩子不能自謀其生，後果真是不堪設想！」榮格聞言「如同遭到雷劈一般，意識到這是與現實的衝突。『哎呀，我必須用功了！』。從那一刻起，我變成一個認真的孩子。」

榮格想恢復正常生活並趕上功課，於是便拿出書本開始高度集中精神地死記硬背，只是沒多久又開始頭暈，幾乎從椅子跌下去，但他在這樣地反覆堅持之後，榮格終於戰勝了它，「一大堆鬼把戲結束了！我就是在這時明白什麼是精神官能症」，「我清楚地看到這個不光采的局面是我自己一手安排的。我之所以從未真正對那個推倒我的同學生氣，原因也在於此……整個事件是來自我內心惡魔般的陰謀。……以後再也不會發生這種事了。我感到憤怒、羞恥，我在自己的心中愚弄了自己。」

十二歲就能對自己內在有如此誠實的體悟，並能實踐自我生命往前邁進，實在是令我佩服和讚嘆至極。就如同當我想躲在靈媒天命的背後，過著理所當然、高高在上的修行生活時，這個故事不斷地警醒我必須誠實，也給我力量去克服心魔的那些鬼把戲：不當靈媒會倒大楣、工作念書卻不當靈媒會生病等等，激勵我誠實面對自己、為自己的生命負責。

也因此當榮格在生活困頓與病痛纏身的同時，也必須面對許多預知夢、幻境、白日夢、亡魂等等異象，除了使自己冷靜分析之外，他也告訴自己：「所有體驗終須回到現實[12]。」、「對我來說，這種非現實是可怕的根源，因為我是以今生今世為目的。無論我如何執著、如何洋洋自得，我明白自己正經驗到的一切，都要歸結到現實生活上。我決定履行生活的職責，使生活的意義更臻完美。我的座右銘是：當下立即以真實行為昭示大眾，不可搪塞！」

他以客觀體驗分析種種，並以寬容的胸襟涉獵各種知識，誠實地面對各項體驗，而不是投射個人紛雜的慾望或陰影。榮格體驗了各種神祕經驗，不過神

⓫ 榮格著，《榮格自傳：回憶．夢．省思》，張老師文化出版，第二三三頁。
⓬ 榮格著，《榮格自傳：回憶．夢．省思》，張老師文化出版，第二五〇頁。

祕經驗的真偽並非重點，重點是他穿透了神神鬼鬼的迷霧之後看到了真實，而成為了優秀的精神醫師與一代心理學大師，而不是神經病！

榮格成長於基督新教家庭，但卻不全盤接受一切說法，他受過精神醫療的專業訓練，也同樣勇於創新思考、突破框架。他為心理學界帶來許多豐富的素材與知見，例如：集體潛意識（collective unconscious）、阿尼馬（anima）、阿尼姆斯（animus）、原型（archetype）、陰影（shadow）等。他除了對於「心病」提供解釋與解決之道，對於各種神祕事件亦有其獨特看法。

由佛洛伊德提出的「潛意識」，到了榮格手上又有了「集體潛意識」。與大家都熟悉的意識與潛意識相比，「集體潛意識」是比潛意識更深層、從出生以來就已經帶進生命的記憶。人們會在夢境中看到不曾見過的陌生事物，可能是祖先幾千年來的累積、人類內心世界的共同回憶。榮格就是在精神病院與一名病患談話時，發現集體潛意識的存在。

某日，榮格見到舉止怪異的病患正對著窗外搖頭晃腦，榮格好奇一問，他說：「你看啊，太陽的中間掛著一個男性生殖器，我只要一搖頭，它就會跟著搖頭，接著就會有風喔！」大概任何人都會當他是不折不扣的神經病吧！但是讀過書的榮格卻想到古代源於波斯（今伊朗）的太陽教有此說法：「太陽中間垂掛著一個筒子，當筒子向西傾斜時就會吹起東風。」可這名病患應該不可能讀過太陽教的文獻呀！榮格認為這種想法是來自於人類的內心深處，也因此全世界的神話故事中，對於世界和人類的起源、發展等的說法都相當類似，因為我們都是同胞，「集體潛意識」存於所有民族的內心深處。

集體潛意識不只包含過去，也有「預知」的能力。榮格年近四十因為遭遇挫折而辭職離群索居，在那段極度低潮和孤獨的時期，他的精神狀態也變得非常不穩定而脆弱，每天都在清醒的狀態下看見各式各樣的白日夢。但榮格畢竟受過專業訓練，他非但不被眼前的景象困擾，反而試圖分析起眼前的各種光景，將自己當成研究對象。

一次他突然看見大洪水淹沒了北海到阿爾卑斯山之間的低窪地區，甚至波及英國和俄國，水面上漂浮著許多屍體，甚至有洪水向祖國瑞士席捲而來，還好阿爾卑斯山也同時升高，及時擋住這股洪水。諸如此類的夢境不斷地侵襲榮格，當時他還無法理解自己的潛意識究竟想說什麼？直到第一次世界大戰爆發，他才頓時明白那原來在預告第一次世界大戰的發生[13]。原來潛意識並非個人所有，也涉及所有人類的福禍，所有人類的心靈世界是如此的相通與相依，這項發現又帶領榮格去探究自己的體驗和人類的體驗，有著何種程度的巧合和責任感。

這一段也讓我深深感動，這讓我理解到個別歧異的人們其實是緊緊相依，是因為我們的基因中，有共同的存在、有共同的記憶與未來，「群體一家」帶給我諸多喜悅和感動，也讓我將眼界大幅提升如從太空俯望地球般，至於個人的利益和比較、「預知夢的能力」乃至其他夢境的真偽，似乎就不那麼重要了！「預知夢」可以有許多解析和看法，端看解夢者的領會。夢到過世的親人或神尊，除了尋求判定夢境「真偽」、要求周公解夢之外，也可以問問自己的內心：「我要提醒自己什麼？」

在科學完全拒斥鬼魂的存在之下，榮格卻接納這些神祕現象的存在，他認為人的內心既然能感受到它們，就算是科學無法證明，但仍然可以認定它們的確存在。榮格在四十一歲時陷入了人生中的瓶頸，一天家中門鈴大響，他去開門卻湧入一群鬼魂，榮格那時真是嚇壞了，不過他也不忘弄清楚是怎麼回事。原來那群亡魂是從耶路撒冷回來的，它們在那裡找不到答案，才來找榮格。榮格花了整整三天將這個事件寫成《對死者的七次佈道詞》[14]後，這群鬼魂才煙消雲散，而榮格是怎麼解讀這個事件呢？

榮格在少時曾參加過「降靈會」，靈媒便是他的表妹海倫[15]。海倫個性害羞又內向，但是被附身時，卻變成既威嚴又有氣質的成熟女性，這種截然不同的轉變，很難不讓人覺得那是鬼魂附身！然而榮格事後才知道這位表妹其實暗戀著他，所以降靈會降下的不是「另一個鬼魂」，而有可能是「活人的靈魂」，也就是海倫潛意識所創造出來的另一個自我，但海倫並非在演戲，而是

[13] 長尾剛著，《圖解榮格心理學》，城邦文化出版，第一九五頁。
[14] 榮格著，《榮格自傳：回憶．夢．省思》，張老師文化出版，第六一頁。
[15] 榮格著，《榮格自傳：回憶．夢．省思》，張老師文化出版，第二四八頁。

她自己也不知道潛意識會這樣表現出來。

榮格因此相信，接觸神祕事件即是內心能量的展現，人的內心有著「心靈能量」，甚至可以移動物品、製造影像和聲音，這或許可以對起乩和碟仙等現象提供一種解釋，召來神祕力量的人，不是別人，正是自己！

不過，關於耶路撒冷的那批亡魂，榮格卻不認為是自己潛意識的「分身」，因為家人也明顯感受到家裡多了一批訪客，並非僅是榮格自己的幻覺。不過榮格認為這些亡魂除了是自己集體潛意識的一部分，也是一群死者的顯現；這些眾多死者的心靈力量，其實潛藏在每個人的內心世界，繼而形成全人類的共同集體潛意識。

「見鬼」為陷於困頓的榮格，指出了一條道路，是心靈力量的展現，也是探尋生命的道路。至於東方的「算命」和「預卜先知」，榮格認為易經卜卦的結果並非獨立、偶然，其中隱隱自有關聯，非科學所能解讀，當然這對重「歸納」和「演繹」所有「可觀察事實」的西方思潮而言，不是很容易接受，只是近來佛教在西方世界的傳布發揚，特別是藏傳佛教與禪法，東方思想終於慢慢地讓西方人得以接受。

榮格這樣一個西方醫師看鬼的例子，也讓我們東方人體驗到不同的看法，傳統習俗是否就是理所當然的？還是我們能以不同的思考點去切入？「見鬼」未必是具有天命者獨有的能力，更像是所有人追尋心靈的一段過程，而「見鬼」又如同其他生命中重大的事件一般，是要我們成長、蛻變，當然有些人則被迫停滯，這考驗的過程就如同走過一條橋，走過去就能見到一番新風貌、新體驗，耽溺在橋上風光就好比是在橋上建造房屋，把自己的生命之屋蓋錯地方囉！我們勇敢往前走過去吧，之後回頭再看，自己會有新體悟的。

3.

從宗教觀點看生死——

各種宗教中提及的生死看法

使我為之信服的伊斯蘭⑯

認識伊斯蘭教中的六信五功

伊斯蘭教在台灣俗稱回教，非為國人所熟悉，不過在世界上，穆斯林⑰（回教徒）的人口超過十二億，伊斯蘭教有完整的教義、律法和經典，與天主教、基督教、佛教一樣都是世界宗教。幼年我因家父的關係有所接觸，但主要還是在就讀宗教研究所時深入了解，並皈依成為穆斯林（回教徒）。

為什麼信仰？其實就像「感情」一樣，真的很難說明白，就是為之吸引，就是為之屈服，倘若要仔細分析，我想這與我的世界觀和個性有高度相關，讓我自然而然愛上伊斯蘭。

伊斯蘭最基本的內涵是「六信五功」，六信代表著六則必須接納與深信的內涵，五功則代表身為穆斯林一定要執行的五種責任與義務。何為六信？個人的理解如下：

一是「信仰　真主獨一」：高尚、至仁至慈、洞察一切的永恆獨一　真主，我所有的一切都由　真主所定。真主是萬物之始並掌控萬物，我相信世

---

⑯伊斯蘭的意思是「和平」、「服從」。和平的意思指內心和平，對周遭也保有和平的態度；服從是指對造物主的順從。伊斯蘭更寬廣的意思是因順服造物主而達到和平。

⑰「穆斯林」的意思是順服真主的人。當一個人宣讀「萬物非主，唯有真主。穆罕默德，是主使者」的時候，他就成為一個穆斯林了。廣義地來說，一個願意順從真エ的人就是一個穆斯林。因此，所有在穆罕默德之前出現過的聖人，也都是穆斯林。古蘭經特別提到比摩西和耶穌更早出現的易布拉欣（亞伯拉罕）。經裡敘述：「他不是猶太教徒或基督教徒，而是穆斯林。」，因為他服從真主的意願。因此，有的穆斯林順從真主，但並不是完全順從，也有的穆斯林努力使伊斯蘭成為他們的生活中心。那些空有穆斯林名字、卻沒有穆斯林應有的行為舉止的人，他的行為並不能代表伊斯蘭。一個穆斯林應該不僅心裡面順從真主，而且要以行動來證明順從真主，這樣才能算是言行一致、表裡合一的穆斯林。

上一定有神，一個不會與人討價喊價、接受賄賂的造物主，祂不需要任何人的供品，也不會干涉人間種種，神看著人怎麼生活，最終給予最公平的審判。

二是「信仰天使」：天使是真主用光創造，有別於其他被造物，沒有性別與自由意志，完全服從真主，其數目繁多，各司其職。三是「信仰天經」：真主授於祂所選派的先知啟示天經，讓人類遵守戒律、依循生活。在我學會念《古蘭經》後，體驗到內心的平靜，更加深了我的信仰。

四是「信仰先知」：真主於不同時代在各民族中特造使者或先知，勸告人類趨善避惡、信仰獨一無二的真主，穆罕默德（求真主賜他平安）是集眾先知之大成的最後一位，在他之後不會再有任何先知。

五是「信仰末日」：宇宙會毀滅的，一切原來有生命的東西都將死而復活、接受真主的審判。我們每個人將根據今生的行為得到賞罰，受賞者進入天堂，受罰者進入火獄，有限的今世是永恆後世的耕耘場所。

六是「信仰好歹的前定」：不論好的或壞的，真主早為一切所有預定完備，同時也賜給人類自由意志去選擇，因此人類必須為自己的行為負責任。所有的好壞在人出生前都定下了，好的我們要感謝，壞的也是，因為壞的正是給我們的考驗，我們應當歡喜，就是因為有能力所以才能接受考驗啊！因為有這樣的心態，所以不管面臨好壞都是既來之則安之，這對於一向習慣抱怨的我，有很多正面的幫助。

身為穆斯林有什麼責任、義務呢？這五項「念禮齋課朝」是穆斯林完全手冊：一是唸功（Shahada）：默唸信仰要義「萬物非主，唯有　真主，穆罕默德是　真主的使者。」這是用阿拉伯文念的，全球的穆斯林有共通的語文「阿拉伯文」，所以不管走到世界的哪個角落，穆斯林們都能用共同的儀式和語言凝聚在一起。

二是拜功（Salah）：每天五次面對麥加天房，向　真主禮拜與祈禱。所以每天有五次自我沉澱與反省的機會。好吧，我承認除了住在馬來西亞的時候能確實執行，在台灣我不是個好穆斯林，也只能安慰自己要慢慢進步，三十分、四十分、五十分，慢慢到及格。

三是課功（Zakah）：整年未曾動用的存款，價值等於八十五公克黃金者，須繳納百分之二點五的天課，賙濟伊斯蘭所指定的對象。因為我們獲得的薪水，未必就是「值得擁有的」，上班時偶爾會偷懶，拿百分之百的薪水可不太好，此外，能獲得工作和薪水也不是個人的能耐，是社會大眾讓我們有受教育、有工作的機會，取之於社會、用之於社會，當然要拿一些所得出來。

四是齋功（Saum）：齋戒，每年在伊斯蘭曆的九月份封齋整月。從天亮到黑夜的白晝當中停止進食和飲水，當然還要避免做一切不好的事情。說真的，白天一整天不吃不喝的，我腦子多半只有食物和綠茶，連幹壞事的念頭都提不起來，我只想「喝水」！封齋的前幾天，因為沒得吃喝而感到身體疼痛、脾氣暴躁，不過三四天過後，人卻變得輕飄飄的，封齋就不那麼難受了。封齋有許多好處，首先便深深體會食物和飲水有多麼寶貴，相信封齋過的人都不會任意丟棄食物，比呼喊「珍惜資源」有效多了，也能培養慈悲心，體會弱勢的處境；封齋也能鍛鍊心志，發現人只差一口飯、一口水可以那麼脆弱，在沒有人監督的情況下鍛鍊自律！當然斷食也有助於身體健康，例如初封齋的疼痛反應就是排毒；當然，封齋也能強化信仰的力量。

五是朝功（Hajj）：有能力者一生中必須到麥加朝覲天房一次。這可不是一般的觀光旅行，而是心靈之旅。在完成大半的社會責任後，進行一趟與神接觸的旅程。只可惜我還沒有去過，尚無法分享，只能心嚮往之。

我深信世上有神，一位掌管天地的至高之神，我相信這一切都是神的安排，所以不論好壞我都欣然接受，當然以我的個性來說，我恨不得所有報應都是現世報，不過死後有公正的審判也不晚；伊斯蘭的生活方式也讓我更健康，習慣了就很難走回頭路；當然我也超喜歡伊斯蘭說：「人鬼不要打交道！」今生今世好好作人就對了，關於這點我很欣喜，我終於可以理直氣壯把別人以為我有的權利還給神，其實我從來就不曾擁有，我一直都只是個普通人。

很遺憾地，國人對於伊斯蘭教的印象大概是兩個：「不吃豬肉」和「四個老婆」，關於信仰內涵大概只知道有個叫「阿拉」[18]的神明、阿拉的廟叫清真寺：當我金盆洗手不幹靈媒時，有不少過去的信徒強烈「勸進」，當我以頭巾面貌見人並說明原委後，有人說：「沒關係，我們就刻一尊阿拉，廟就叫清真堂！告訴我們阿拉長什麼樣子？」唉！「阿拉」是阿拉伯文的音譯，意思是

「獨一」，沒有任何形象也不可以被描述。但是人的世界就是如此，會以自己認知的框架套用於世間萬物。

不吃豬肉的原因有很多，科學也證明豬肉的含脂肪量高，屬食物鏈低層，多食易發胖，不過更簡單的原因就是「真主不准」，反正能吃的食物這麼多，不吃豬肉還是可以活得好好的。有次搭計程車時，司機問我：「妳先生娶幾個？」我試著解釋，不過他罵我是恐怖分子的音量比較大！我試著問他到底了解伊斯蘭多少？除了從電視外還從哪裡認識伊斯蘭？他沒有告訴我答案，只想知道我會不會做炸彈。

許多宗教會對教徒作生活規範，天主教、基督教、佛教、印度教、猶太教等等，各有各的戒律，伊斯蘭也是，而且規定得非常仔細，因為伊斯蘭是一種生活方式，用言行舉止來實踐信仰，婚姻規定的「四個太太」成了大部分人對伊斯蘭的認知，然而這項規定不應稱為「多妻制」，而是「限妻制」[19]。伊斯蘭限定最多可同時娶四位妻子，且前提是要能公平地對待每位妻子，包括丈夫的時間和財物，給一位妻子買房買車，則要每位都給一樣的；丈夫不可以與無法生育或因病無法照顧家庭的妻子離婚，而不願維持婚姻的妻子有離婚的權利，當然，所有妻子都有合法的財產繼承權。

不過，還是有人會覺得「男人能娶一個以上就是不對啊！」讓我協助您回憶：一夫一妻制也是近代的事情，就算有法律的保障，今日的外遇、包二奶等等也沒有少過，因無法生育或罹病被迫離婚的也大有人在，婚姻當中沒有子嗣，聽過男生再去外面試試看或是找代理孕母，有聽說過女人到外面借種嗎？

---

⑱又稱安拉（Allah），是阿拉伯文「唯一的主」的意思。安拉不僅是穆斯林的主，祂是所有造化物的主宰，因為祂是他們的造化者與撫育者。我們人類大腦所能想像到的任何東西，都是大能真主所造化的。

⑲《古蘭經》第四章第三節：「如果你們恐怕不能公平對待孤兒，那末，你們可以擇娶你們愛悅的女人，各娶兩妻、三妻、四妻；如果你們恐怕不能公平地待遇她們，那末，你們只可以各娶一妻」。這是針對當時阿拉伯社會富人無限制的多妻，和隨便買女奴妾，以及戰爭中男子傷亡造成孤兒寡婦多的情況而定的。所以允許有限制的多妻，是在特殊情況下的一種特殊規定，其基本婚姻制是一夫一妻。但在實際生活中，有些富人和權貴利用此特殊規定，實行多妻，使人誤認為伊斯蘭教主張多妻制。事實上伊斯蘭社會絕大多數人都遵守一夫一妻制。

男女平權不是限定一夫一妻制就能實踐，問題根源還是在於人！

信仰是帶有情感的，對於皈依伊斯蘭教，我也歷經很感性面的過程。對於改宗伊斯蘭這件事情，在日夜思考並誠心向上蒼祈禱後，「夢」給了我指引：我在布置我的家……一個大空間中，有三分之一的空間都是書架和兩個書桌，另外三分之二是木質地板，空氣很好，光線亮而柔，而爸媽在一旁問我：「妳要搬新的東西進來，要不要在這裡（大空間）再擺一張書桌或書架？」我說：「不用，保持這樣的清靜，這裡就是我的心靈。」

這夢境短暫卻如此清晰，除了感到一片清涼明澈之外，更感到滿身的自在與寧靜。自從零歲起就穿梭於台灣各大廟宇（被祭改），懂事後也跑遍各地神壇踢館或被人踢館，智慧初開便四處尋訪各式宗教團體，從來沒辦法去「信」，心中總是充滿了疑問。

第一次，我對一個宗教深信不疑，第一次，我感受到信仰的力量與寧靜。這個決定其實不需要思考，原來伊斯蘭就在我的生命中。

成為穆斯林帶給我平安的生活，因為是我信仰的是「六信五功」，不是討厭豬肉和四個老婆。

伊斯蘭裡的精靈

筆者會歸信伊斯蘭，自然是與其對「無形眾生」的看法契合有很大的關係。《古蘭經》第十五章第廿六到廿七節：「我確已用黑色的成形黏土創造了人。以前，我曾用烈火創造了精靈（Jinn）。」最著名的精靈當屬伊布劣茲（Iblis），它本來與其他天仙都住在天堂，直到有天　真主用泥土創造人類的始祖阿當（Adam），然後要眾天仙與伊布劣茲一同敬拜阿當，但是伊布劣茲不服氣：「我是用無煙的火造的，我比人類尊貴，憑什麼要對人類敬拜？」正因為這樣的嫉妒與不服從　真主，伊布劣茲就被趕出天堂，它自然懷恨在心，於是向　真主請求：「在末世的審判之前，請給我緩刑，讓我在大地上以罪惡誘惑他們，我必定要使他們一同迷誤！」

伊斯蘭的精靈有三大類：一類是在天空飛翔，一類如蛇、狗般地存在，另一類則離不開地球，住在某處或到處漫遊。有些精靈會旅行到諸天的最下層偷聽天仙們談論未來的事情，然後回到地球將情報告知與它們接觸的人，不過這並不容易，因為　真主命令天仙們固守諸天的最下層，大部分的精靈會被隕石及流星逐開，所以精靈傳達給人們的訊息，多半會夾帶著謊言，算命與預言就不那麼準確了。

伊斯蘭對於穆斯林的生活方針有明確的規定，地獄的路、天堂的途徑也說明得相當明確，而精靈是來「迷誤人類的」，既然人類絕大部分無法看見精靈，更別提能否控制精靈，或從精靈身上獲得好處，況且它們還有說謊的特性，情報也不見得準確。因此，伊斯蘭是限制人類與精靈接觸的，不論算命、占星、通靈，都是對正信的信仰有危害的。

然而，即使被如此明確地規範，有些回教徒卻仍無法抵擋誘惑，據說伊拉克前總統海珊也對此有所接觸，甚至有傳言海珊曾將鸚鵡骨頭[20]植入右臂皮下，好讓自己變得刀槍不入與受萬民擁戴，為海珊本人和他諸多親信、親戚服務的巫師曾如此透露，他也曾預言海珊會在杜魯埃亞[21]被擒，但是屆時人已亡故，他說這消息是來自於精靈之王與精靈之后，不過事實證明[22]這些只要當茶餘飯後的故事閒談就好，多行不義終究必自斃。

此外，有別於這些四處遊走的精靈，每個人出生時也會跟隨一位精靈「勾靈」（Qareen）[23]，它從出生就跟自己的宿主在一起，是宿主靈魂的複製版，男性會跟著一位男勾靈，女性則有女勾靈，形態樣貌都與主人一模一樣，也寸步不離，因此算命者有時會透過它知曉過去所發生的事情，但是只能知道過去，無法預測未來；當人死後「勾靈」將會離開，所以在親友死亡後去探訪，或者親友在外地死亡的同時，我們能感覺到親友回來了，不過來的可能不是親友的靈魂，而是親友的靈魂複製品「勾靈」來報信了。

「勾靈」主要的工作不是供人算命或通風報信，而是在這世間考驗我們。

---

⑳另有一說為魔法石。

㉑位於巴格達北方八十五公里的村莊。

㉒海珊最終在家鄉提克里東南方十五公里處被「活逮」，並在二〇〇六年年底被處死。

㉓《古蘭經》第四十三章第三十六至三十七節：「誰要是無視至仁主的教悔，我就讓一個惡魔附在誰的身上，成為他的朋友。那些惡魔，妨礙他們遵循正道，而他們卻以為自己是遵循正道的。」

它會唆使我們做壞事、逞私慾，如果人不自制，則「勾靈」會變得壯大，相反地，若人能控制自我，「勾靈」的力量將會削弱，乃至只會一起行善，最終是否墮入地獄或踏進天堂，還是基於在世時本身的努力；「勾靈」被創造於世的意義，很明顯地就是再次證明：「人的福報或業障，端看自身的努力，調攝自己的起心動念，慎管自己的言行舉止，修行即在眼前當下。」

基督教中的神蹟

相較於在台灣很小眾、且不被大家熟悉的伊斯蘭教，基督教信仰較為普及，而且給人的印象友善得多，我最早接觸基督教是因為就讀教會幼稚園，每天的禱告、詩歌、聖經故事，還有主日禮拜，是我生活的一部分。我爸爸還很喜歡講一個故事：爸爸載著五歲的我在等紅綠燈，問我四下無人就闖過去好不好？我竟然回答：「就算沒有人，也有上帝在看喔！」看看幼稚園老師把我教得多好！而我高中、大學乃至出社會工作，知心好友中總是有虔信的基督徒，我也因此上過不同的教會，只是我對於「耶穌是神的兒子」這件事情，一直無法接受，也就沒有成為基督徒了，但是有很多能接觸聖經的機會。

一般人對基督教的第一印象是：「理性」、「高等教育」、「有教養」，而我首先想到的是有氣質、又有愛心，與神異鬼怪八竿子打不著。不過若閱讀基督教的聖經，會發現這個信仰的基礎就是「奇人異事」，不論是聖母瑪利亞童貞懷孕生子[24]，還是耶穌從死裡復活。倘若發生在現代當然是一點都不「合理」，不過就信仰的角度來看，若非如此，「耶穌就不是耶穌了」！

在聖經中也時常會讀到耶穌趕鬼治病的神蹟，以及其他如治癒痲瘋病、癱瘓、久病不癒等等，也曾用五個餅與兩條魚餵飽五千人[25]，這些記載在在都顯示耶穌具有非常人所擁有的「權柄」，對信仰者來說是理所當然的，值得探討

---

[24] 童貞聖母瑪利亞非從婚姻，而從聖靈懷孕生下耶穌。馬太福音第一章第十八到廿四節。

的在於耶穌對「治病」與「趕鬼」的不同態度。凡是來求醫的，不論是主動來求救或耶穌主動去幫助的，都可以見到耶穌對受助者的慈愛，對於干擾人們的鬼，則是以「責備」的態度命令其離開。

這樣的態度當然也會影響信仰者，許多基督徒會以「禱告」祈求治癒疾病，對於疑似被鬼干擾的個案，也以禱告的方式處理，不論是祈求病得癒或鬼離身，禱告皆憑藉著對神的信心，口念：「奉主耶穌基督之名。」不忘保有在神面前應有的謙卑，因為治癒的權柄在神，不在人。凡能時刻秉持神人分際，體認人的脆弱與無助，所以在基督教中，即使禱告治病或驅鬼盛行，卻較少有不肖神棍假借神意介入利用的不幸發生，並不令人意外。

關於佛教中的神通力

台灣人沒接觸過佛教的可真稀奇，況且是像我這類背景的人。我的乾媽是虔誠的佛教徒，她在我八、九歲時的暑假，就把我送進佛堂打佛七，據說我在那裡待得樂不思蜀，也是在那時候學會打坐，一直到現在，有空時我都很喜歡打坐一下。不過由於我太早被簇擁登上靈媒的舞台，總是在靈界打轉，結果在佛學上並沒有什麼長進，是直到大學、研究所後，才由書籍、經典認識佛教，我對原始佛教是認同的，至於混雜民間信仰與巫術的「自稱佛教」，就謝謝再聯絡了。

佛教的年代久遠，範圍廣大，信徒眾多，因此衍生出不同的教派與面貌，對於「神通」自然也有不同的看法，就早期的原始佛教和部派佛教來說，因為是由印度婆羅門教改革而來，故反對祭祀等等的形式主義，回歸人本精神，尊崇佛陀、菩薩，也承認鬼神，從教義四聖諦、十二因緣、三法印與八正道來

㉕馬可福音第六章第四十一到四十四節：耶穌拿著這五個餅、兩條魚、望著天祝福、擘開餅、遞給門徒擺在眾人面前．也把那兩條魚分給眾人。他們都喫、並且喫飽了。門徒就把碎餅碎魚、收拾起來、裝滿了十二個籃子。喫餅的男人、共有五千。

看，實實在在根本為無神論，人人皆可成佛，但皆須自力得救！

此外，佛教反對形式主義的儀式與幻法，特別是用動物來祭祀[26]，至於為何禮拜那些諸佛菩薩的塑像，乃因佛滅之後，主要為希臘人來到印度接受佛法，空無一物總感無依無靠，所以開始雕刻佛像，「有形有象有慰藉」，能把佛陀菩薩放在家裡、帶在身上多好！因此這些佛教塑像文物很盛行，不過回歸佛教的基本精神，所敬拜的並不是泥塑木刻的偶像，而應當是其所象徵的精神。所以花大錢買高級材質的佛像等精品，拜者無心也是枉然。至於建議買越貴的佛像法器越能添福報、消業障的說法，往好的方面想，至少能促進一定的經濟繁榮吧！

佛教不但肯定有「神通」這回事，也有詳細的說明。佛教所言的神通有六種：一、天眼通；二、天耳通；三、他心通；四、神足通；五、宿命通；六、漏盡通[27]，是潛心修習佛法所獲得[28]，也是修行的一種表徵，不過外道（非佛教）的修行也能獲得神通，只是無法修得「漏盡通」。由此可知佛教認為神通存在，但並非解脫涅槃的根本，也可以說「神通」是傳教的手段或示現，不是究竟的佛法。

修行者一開始以正信修行，然而修行路上肯定會出現考驗，除了困難外，

㉖摘錄印順導師著作〈聞思篇〉第三章第一節部分內容：「婆羅門教的祭祀萬能，特別是血祭，釋尊是反對的。『若邪盛大會，繫群少特牛、水特、水哪孛，及諸羊犢小小眾生，悉皆殺傷；逼迫苦切僕使作人，鞭笞恐怛，悲泣號呼。……如是等邪盛大會，我不稱歎。……如是布施供養，實生於罪』。這種殘殺犧牲，凌虐奴僕的大祭祀，簡直是作惡，哪裡值得讚歎？所以當時的人，都以為『沙門瞿曇（即釋迦）呵責一切祭法』。至於《阿闥婆吠陀》以來的咒法，占卜星相等一切迷信，『沙門瞿曇無如是事』（《長阿含》卷十四《梵動經》）。以釋尊的見解，這純是無知的迷信。所以，如『見（真）諦人卜問吉凶者，終無是處。……（就是）生極苦乃至斷命，從外（道）求一句咒，二句咒，三句四句多句百千句咒令脫我苦者，終無是處』（《中阿含》卷四十《多界經》）。這種迷信，凡能見真理的人，絕不接受。甚至說：『幻法，若學者，令人墮地獄』（《雜阿含》卷四十．一一一八經）。總之，因神權而引起的祭祀、咒術，給予徹底的廓清。」

㉗天眼通指能以天眼睹見眾生所為善惡，因果業行，以及死後神識的輪迴去向。天耳通指能夠聽到人間及天上的各種聲音。他心通指能感知他人心思、情緒、意念的功能。並了解眾生心的種種特質。神足通指能飛行遁地、飛簷走壁、穿山越岩等；也有一說是能隨意變化身形、分身等等。宿命通指能知道自己和別人累生累劫的事，包括姓名種族、生活習慣及一生所有際遇等。漏盡通是由能徹底修習四聖諦的道理，而斷除一切的煩惱，永離生死輪迴。

看似甜美的「神通」、隨之招來的名與利，會成為使人原地踏步甚至腐敗墮落的業障[29]，其實神通本身如同名聲、財富一般，並沒有所謂的絕對善或惡，一切皆看人在這漩渦中能否把持修行，也難怪佛陀一再告誡：「戒德具足，心遊道法，意在四諦，欲至涅槃，此是比丘之所求也。」當謹遵戒規、心留道法，神通只是過程，涅槃才是解脫！既然有些神通代表修行略有成就，倘若因此自誇自傲，自毀修行，那麼神通在此看來就是令人惋惜的業障了。

許多佛教神通故事，也時常提及「法力不敵業力」，再高強的神通也無法扭轉因果，現在所面臨的皆因過去的業力，此時的種種則造就未來的一切，人所能做的便是把握當下培福報、減業障。既然神通無法扭轉，何苦浪費已經不多的時間、精神與金錢呢？人心會有軟弱的時候很正常，不如意更是家常便飯，能有外力即刻化解我的痛苦該有多好？但是若不能看清人來世間走一遭的本質，讓自己在茫茫大海中時而滅頂、時而抓到浮木就以為安定，等到下一個大浪打來，又該如何是好？故平時更該強化如燭火般的正信信仰，教我們在遇到困難或挑戰時，不致害怕也不致迷失。

最常談論鬼神的道教

為了追尋心目中的真理，我在即將死亡的那一年考取了宗教研究所。當了二十年的靈媒，當年道場主神即是三清道祖，所以我一直以為自己是個道教徒，直到接受李豐楙教授的指導，讀了相關論文與資料後才知道不是。我從宗

㉘《雜阿含經》卷十八中云：是故比丘，禪思得神通力，自在如意，為種種物悉成不異。比丘當知，比丘禪思，神通境界不可思議。是故比丘，當勤禪思，學諸神通。

㉙《雜阿含經》卷二十一中有一則記載：記敘摩訶迦比丘在一個隨長老僧應供，返回樹林僧舍的途中，進入禪定顯現神通，他身內清涼的禪觸竟使悶熱的暑天午後下起細雨，吹來習習涼風。後來由於目睹全程的居士質多羅長者的要求，摩訶迦表演火光三昧，從房門的鉤孔放射火焰，一時之間院子中的乾材都燒光了，但覆蓋在乾材上的白氈毯卻完好如初。質多羅長者驚奇崇拜地立刻表示願意終身供養摩訶迦比丘。但是摩訶迦比丘只是淡淡地告訴他，這些神通只是不放逸修行而產生的，修行的最終目的不在神通，而在解脫。第二天一早，摩訶迦比丘因為不希望自己受到名聞利養的誘惑，就悄悄離開此地再也不回來了。

教研究所裡，學習從歷史、文化和自然的角度，去認識與詮釋宗教，有助於我培養較宏觀與有彈性的態度，去面對各種宗教。

道教是本土發展出的信仰，也最具中國特色。其起源有多種說法，趙翼在其《陔餘叢考》中說道：「秦漢以來，但有方士為神仙之說，無所謂道家者。以老聃為道教始祖、張陵為大宗，則始於北魏寇謙之，而唐時乃盛行。」[30]不過一般會追溯到老子[31]，正式成立的年代普遍是說東漢太平道、天師道（原稱五斗米道，後也稱正一道）創立之時，在漢晉之時的道教，其實包含許多「道」，例如：太平道、帛和道、李家道和天師道等，其實這些皆互有區隔，其中天師教自稱為正教，大家各行其「道」，直到佛教東傳，在中國廣為流傳，這些「道」才統合起來為「道教」，並吸收許多佛教體系組織概念，產生天界、地獄和各式科儀與戒律。

此外，道教是牽涉巫術、鬼神祭祀與各類術數最深最廣的信仰，符籙一派更是力求神人相通，上可奏明天帝，下可役使神鬼的境界。又有本命論的道學士，研究道之本命，繼而發展出占卜、命相、風水、星象等等，隋唐時相關書籍[32]已破萬卷。只是道教本身起源即是綜合各地各派，融合眾多思想，其思想體系與戒律在各宗派，又有不同面貌，可以看見信仰者的活力，也呈現眾說紛紜的情況，因此易被外道攀附名詞，略有感應心得，即可獨立門戶、自行稱師封聖，加上受不肖神棍詐財騙身的新聞時有所聞，更加深世人視道教為迷信、怪力亂神的刻板印象。

其實道教有獨立的教義、儀式與組織，信仰的世界觀因眾多派別而有分歧，原則上，仍可理解為宇宙從混沌中，依著「道」而演化天地萬物，除了我們生活的世界另有天界與地府[33]，亦可見到其與佛教交流互通的痕跡。

天界眾神管理我們眾行眾念，根據善惡施與報應，《抱朴子》〈內篇．微

[30] 趙翼，《陔餘叢考》，卷三十四〈張真人〉（台北：新文豐出版股份有限公司，民64），頁二七。

[31] 張陵所著《老子想爾注》將老子作為道的化身。

[32] 著名的有《道德經》、《南華經》、《太平經》、《老子想爾注》、《抱朴子》、《周易參同契》、《黃庭經》、《上清大洞真經》、《度人經》、《三皇文》、《陰符經》、《常清靜經》、《玉皇經》、《心印妙經》、《悟真經》等等。

旨〉有載：「若犯過失則奪一算」，一算為三日，所以犯一個過錯就少三天壽命，犯大過則奪一紀，一紀等於三百日，所以要扣三百天陽壽。如果自己做太多壞事，壽命不夠扣，就把倒楣留給子孫。相對地，行善者就會有「德」，德是交相感應的，所以做好事就會有好報[34]；與佛教不同的在於，道教徒相信人是受神所約束，人類可以根據自己的功德，在自己的世界中提升、獲得享受，甚至肉體成仙[35]。

早期道教專注的課題是「不死」，如何養生、成仙才是被關注的重點，不過絕大多數的人還是要面對死亡的課題，而道教又是中國人最緊密的信仰，因此其喪葬禮俗與概念也深深影響世人。從商周時期的文字與喪葬，可以窺知古人相信死後仍有一個世界，隨著時間演變，這個「死後世界」也越趨於豐富，道教認為死後魂魄[36]會四處離散，做惡者會下地獄或因非壽終正寢，而成為孤魂野鬼；為了讓此世更好，也為了讓後世不致淪落地獄或孤魂，除諸惡莫作、眾善奉行之外，也可藉由各種科儀祈福、解厄、赦罪。而道士就扮演著執行科儀的角色。

道教相信鬼神之說，相信眾神時時監督著人類，給予考核、善果與惡報，而非正常死亡的孤魂野鬼若不妥善處理，會在世間搗亂，因此影響人們想藉由種種儀式去趨吉避凶，不過這些儀式到底要做到什麼程度？效果又是如何？回歸源頭來討論，「道」為宇宙萬物的本源，而「道」的展現即是「道法自然」，人類與眾生萬物皆遵循自然生活，人要生活得「自然」，其實也就是每日種種、每時每刻的行為，甚至是念頭，都被神明評比紀錄，再憑此獲得善果與惡報。

儀式則是在適當的時間點，提醒人們行善避惡。道教最注重與宇宙自然呼應，陰陽調和、順應節氣也是多所強調，例如道教最重要的三元節，便是訂在節氣變化的三個關鍵點，例如中元節七月十五日正是陽漸衰、陰漸盛的時間

㉝又分無極界與有極界。地府由太乙救苦天尊管轄，下分五嶽、城隍、十殿冥王、二十四地獄。

㉞有別於佛教的因果，道教稱為「承負」，在《太平經》中所記載。

㉟爾後亦發展有「屍解仙」。

㊱魂魄的概念從左傳時期一魂一魄慢慢演變為今日普遍相信的三魂七魄。

點，正好提醒人們應該順應自然節氣並懺悔解厄。儀式要在關鍵時間起最大的作用，不然天天作法、非順應道行，種種儀式也只是儀式，人心不動怎能「天人感應」？況乎最終善惡的結算，還是自己平時的行為、心念，即便儀式有效果，也是因為心的懺悔、心的善念與諸多善行感召天地。

所以即使道教最常談鬼神，也廣泛與之交流，儀式也僅是眾多努力的一部分，幸福人生與後世的究竟根本，還是在自己的平日修德，倘若一時迷失受不肖人士利用，將所有困難歸因鬼神，非但不能有所助益，還會忽略了解決困難的現實層面，陷入更糟的困境。

例如明明是普通的生病感冒，不去診所看診，卻寧喝符水或祭解，導致錯失診療關鍵期，這難道是神明所樂見的嗎？神明讓我們生病，是讓我們對自己的罪懺悔、讓我們珍惜健康的時候，倘若神明會以健康、幸福威脅信徒為自己所用，或是將其控制如禁臠，這樣的神明「自然」嗎？這樣的道理合乎於「道」嗎？

4.

當自己的英雄——

歷經各種生命論述後重新正視此生的價值與意義

相信自己的價值

從小父母就不斷地提醒我：「以前我們都吃地瓜稀飯，想讀書都很難，哪像你們現在吃飯都要用拜託的，有書念、不必作工和幫忙種田，都不知道有多幸福！」我是真的不知道啊！我問我姐的兒子們，他們也不覺得我們哪裡幸福，為什麼現代的社會富足了，我們心靈卻沒有跟上腳步？就連學校都要設計課程教我們何謂「生命教育」？自己的生活該怎麼過，還得要人教，自己的未來要別人教我們什麼才是好的，難道生命不是我們自己的嗎？

打從我有記憶以來，總覺得日子每天

都很忙碌，從一早開始就想著怎麼賴床，到了學校想著怎麼規避惱人的作業與考試，下課想著要跟朋友玩什麼？放學想著電動該怎麼破關？大一點的時候想著怎樣才能上好一點的學校，畢業後則想怎樣能有好工作，上班了就想怎樣不被上司電，天天還得想著中午要吃什麼？晚上又想吃什麼？當然還得煩惱友情與愛情。總是時常想著怎樣才能解決煩惱，怎樣才能多點樂子，或許天可憐見吧！在百忙之中，我終於突然頓悟：「難道我要這樣忙到墳坑裡嗎？」

由於自幼時便能靈視，太多人告訴我：「妳應該怎麼修！」搞得我好像不當靈媒就對不起社會，可是我不想這樣，特別是由一堆見不到鬼的告訴我該怎麼做。因為這生命是我的，生活是我在過的，大部分的人只希望我的靈視能為他們帶來什麼益處，所謂的「為妳好」讓一切干涉變得理所當然，但是我不想隨眾人的意過日子，到老時都沒有自己，那樣，我來世走一遭，到底是為了什麼？而我的生命又能活成什麼樣子呢？

人生就這麼一輩子，發憤圖強是一定要的，只是在額頭上綁上必勝的布條後，為什麼又會覺得每次的奮發，卻總帶來更深的無力感？其實我從小就知道應該不要賴床、不要頂嘴，也知道把功課成績弄好是我應該做的事情，只是生命中的無可奈何就是我雖然知道應該怎麼做，卻時常力有未逮，明明想努力，甚至已經努力，但是結果卻經常不如我意，此時才知道，原來每個人生來就是不一樣，有人盯著英文單字一小時，今天記得，明天就忘，有人則是一目十行，過目不忘，捧起課本除了念不好書的焦慮，還多了對那些天資聰穎好學生的羨慕和不服氣。

出了社會之後，才又猛然發現：「或許學校是最公平公義的地方？」讀書再怎麼差勁，總能勤能補拙多少補上一點，社會卻是血淋淋的資本主義掛帥，學歷、背景、財力、人脈、外表、談吐，一項項「條件」都被理所當然地攤出來檢驗評比，這時候想高喊「眾生平等」，還想熱血地相信這一切現實條件都無法阻擋我熱情的心，這時不會有人說你志氣遠大，通常還會被人在背後譏笑「白目」或缺乏現實感，這個社會到底讓我們何去何從？

翻翻我們的課本，有許多帝王將相的故事，也有不少偉人典範，吸引我們心嚮往之，加上父母殷切的期望，出人頭地、光宗耀祖是我們文化所鼓勵的，寫起「我的志願」，要當太空人、總統都好，法官、律師或老師也不錯，不過學校沒有告訴我們，成為太空人和總統的機率有多高？順順利利地考上法官、律師或找到教職得有多少「資本」？更殘酷的事實是：「就算我努力，可我仍然不是那塊料！」沒有足夠的資源、沒有恰當的時機，又沒有相當的能力，卻總是有放不下的「想要」，說不清楚自己能做什麼，卻總是理直氣壯地覺得自己應該可以更好——至少也要比隔壁那位看不順眼、又看起來比我沒才情的老王好！

現在的困境應該要有個解決辦法，是不是祖先找我麻煩？還是嬰靈在作祟？家裡的人都檢查一下還是不順，那一定就是外靈，不然就是被放符法吧？這些再統統處理完畢，還得注意這世界上寧可信其有的神祕力量，於是風水、姓名、能量水也要辨一辨，再問問算命的什麼時候會「出運」？花了很多時間四處尋找「原因」，但是怎麼不想想自己就是那個 Trouble Maker（麻煩製造者）呢？

現在的種種根據不同的信仰，有些解讀為神的安排，有些則認為是自己的業障，既然是神的旨意，那我們就得認了，倘若是自己造的孽，那更是沒有不認帳的餘地，自己的生命終歸得回到自己身上，人生的道路終究是孤獨的，即使是至親的父母、配偶、子女，也只是在生命路途上暫時互相陪伴的伴侶，我們總忙著用眼睛和耳朵向外張望，尋求自己的定位，也外求自己困難的原因與解決之道，我們還常用嘴巴抱怨自己的懷才不遇，以及這世界的不公，不過我們卻時常忘了用我們的「心」去體認這個世界，用「心」去感受自己。

忘了用「心」其實也情有可原，相較於臉上明顯可見的眼睛、耳朵和嘴巴，「心」是藏在體內，也不給外人所見，所以外人看不到，自己也常常忘了，不只是忘記去使用，更常常讓其他器官過度發揮：忙著向外看、忙著向外聽、忙著向外解釋或說教，乃至忙著四處奔走，就是忘了要回頭找回自己的「心」。各種情緒、判斷皆是由心而起，為什麼我們總讓情緒牽扯判斷，而沒讓自己在心上下功夫呢？

同樣一件事情的發生，隨著時間的流轉，就會產生不同的看法，例如我曾對自己見得到無形眾生的能力感到困擾，對由此發生的事感到憤怒，曾用很多力氣怨天尤人，才發現再怎麼呼喊也喚不回過去，經過這些之後我終於懂得這就是我的生命，是我用很多情感和努力用心走過的生命，不論是神的安排或是自己的業障，這都是我的一切，既然逃不開，那就面對吧！我用心地問問自己：我到底想要什麼？為什麼我會想要？而達成目標的條件又是如何？自己能力與實力又到哪裡？目標與現實之間落差有多大？當中有什麼可以達成的實際道路？

從小到大，我最愛也最獲得慰藉的就是棒球，想在棒球界中當個球員卻沒有條件，當個翻譯又不夠融入，所以我選擇擔任裁判。當裁判要有體力，我發現空手道黑帶的底子恰好是很好的基礎，當裁判得熟悉規則與移補位，所以我用心去學、去練習，執法要有經驗與判斷力，多年對棒球的參與就是最好的累積，實際在場上執法要有風雨無阻的耐力，和抵擋性別歧視的勇氣，這時候就該拿出對棒球、還有對生命的熱愛，再加上許多貴人的協助，讓我的棒球路在很短的時間就嚐到甜美的果實，讓我從被趕出球場的查某人，到成為台灣首位女性國際棒球裁判。

當然，並不是每個人都想當個棒球國際裁判，但是想好好精采過一生的態度，應該是多數人的願望。不過就如同求學的過程、出社會工作的經驗，不是我們愛比較，而是每個人終究有所差異，單是羨慕別人好無法讓自己能夠比照辦理，幸災樂禍別人的不幸，更不可能提升自己絲毫，每個人一天都有廿四小時，與其花在比較，不如用心花在自己身上。

至於顯現在每個人身上的差異，更是明明白白地告訴我們：「每個人都有不同的生命道路。」你有你生命的精彩，我也有我生命的燦爛，只要我能感受到生命的幸福，找到自己的成就，我就是我自己的英雄！這個世界長什麼樣子？各宗教怎麼解釋生命？生命終究是自己的，困境是自己的，成功也是自己的；你我的生命樣貌都不一樣，因為神給的任務不同、業力示現的差異，然而生命的重量每一個都相同，沒有比較、只有尊重，看清此生的任務，衡量看重的價值，我們都來當自己生命的英雄！

第二章

跨越生死

破解所有迷信疑惑，因了解而無所恐懼

1.

瀕死與葬禮——

十個面對死亡與葬禮安排的常見問題

Q01 真的有前世今生嗎？

受到佛教的影響，華人社會普遍有前世今生的「觀念」，何以說是觀念呢？因為根據文獻記載，人們在佛教傳入中國之前，並沒有這種想法，不過我們倒是可以從墓穴裡的文物推測，古人都相信人有靈魂，而靈魂會在死後進入另一個空間，死後的世界又隨著文明的發展，與活人的世界一同變得多采多姿，陰間彷彿是陽世的延續，又因人口增多，社會關係愈發複雜，維護社會秩序需仰賴懲罰性的規則，也需要道德上的約束。因此死後的世界，除了陽世的延續外，又有了天堂與地獄，這些活靈活現的描述，讓人們隱惡揚善，交互影響之下，我們對這個世界有形與無形的想像便愈發豐富。

這樣的趨勢在佛教傳入中國後更為明顯，佛教提供完整的世界觀、道德觀，對道教而言是莫大的挑戰，所以也更豐富了自己的教義，對於天的構造、地獄的形貌等世界觀，也在佛教的影響下發展出自己的架構。至於非常相近的善有善報、惡有惡報這種類似因果的觀念，在道教則有「承負說」與佛教對應，亦即人的一言一行會增添罪惡或善功，並影響接下來的福禍，不過並不談及前世今生，因為因果輪迴並非道教的原始信仰，而是在佛教廣泛地被人們接受之後，佛道混合才成為人人都覺得理所當然存在的「事實」。

前世今生真的存在的嗎？這樣的概念在東方文化中何以如此廣泛地為人所接受？人打從一出生，便開始接受各種考驗，怎麼我念了三天三夜，還比不上別人考前才翻書的成績？古人怨嘆寒窗十年還考不上功名時，「書到今生讀已遲」[37]是讓自己釋懷的好方式。又有些人天生就跑得快，有些人則跳得高，有人怎樣去ＫＴＶ繳學費卻仍然五音不全，又有些人才四、五歲，坐在鋼琴前便彈奏起來，這該怎麼解釋？如果說是前世已經練過，看來是個不錯的想法。

西方文化就沒有前世今生的觀念，一神信仰的影響下，認為世間的一切都是神所創造的，所有的好與壞也都是神所賜予的，因此也不需要上輩子多念書啦！神給每個人的天賦和考驗都不同，大家死後會有公平的審判，好的上天堂，壞的下地獄，反正神就是想讓世上有窮人也有富人，而人的智慧不會超過神，自然也無法完全明白神的安排，所以在面對人與人的這些差異時，「神的安排」便是西方社會的解讀。

而當東方遇上西方呢？對這些神祕經驗研究最多的，當屬心理學家榮格了，他認為人除了潛意識之外，還有個「集體潛意識」，遠古祖先的記憶都透過基因代代相傳，所以在不同的文化中會出現相似的面貌[38]，也會有恍若「前世記憶」的現象，而其實那些遠古的記憶，並非那個人的前世，而是所有人類共同的記憶，透過基因遺傳，一代一代地傳遞。西方社會在達賴喇嘛宣揚佛法之下，許多西方人也接觸了前世今生的說法，那麼生死輪迴遇到神的審判又會如何呢？今日有一派的說法是：「我們在這世界上生生世世地輪迴，直到世界末日的那一天，神再給與最後的審判。」又將兩個看似極端的世界觀綜合融匯在一起了！這種看法也挺有意思的，否則當爸爸是洋人，媽媽是華人時，生出來的混血兒又該如何是好？

「前世今生」是一種對生命的看法，倘若能正面運用這觀念，藉此消弭自身的分別心，坦然地接受眼前的困難，並視手中的美好為福報而好好珍惜，更進一步能多行善積德，解未來的惡，培往後的福，相信前世今生會是個正面的力量。反之，若對現有的福報視為理所當然，面臨的困頓是眾人、眾神對不起他，甚者還有一些毆打老婆的豬狗牛，認為太太是上輩子欠他的，打太太是理

㊲出自黃庭堅的故事，其詩書畫號稱「三絕」，與蘇東坡齊名，某日在午休時做了夢，夢見去山谷見到一老婆婆，老婆婆為去世二十六年的女兒在忌日時祭拜她愛吃的芹菜麵。黃庭堅參觀了屋裡見到一大書櫃，老婆婆說那是女兒生前看的書，但是鑰匙不知丟到哪了？此時黃庭堅卻記起鑰匙的位置並打開書櫃，發現裡面的文稿竟然都是他每次應試時所寫的文章，而且一字不差，當時他也正巧是二十六歲。黃庭堅明瞭原來那女孩就是自己的前世而婆婆是自己前世的母親。爾後文學家袁枚感嘆「書到今生讀已遲」，因為原來像黃庭堅這般有學問的人，原來他的書早在前世就開始讀嘍！

㊳請參考本書第一章榮格心理學的內容。

所當然，太太挨揍也以為是消業障，如此一來相信前世今生真是一種罪過，為何沒想過這樣縱容丈夫的家庭暴力，反而是助紂為虐的幫兇？

佛教講前世今生與三世因果，過去世為現在世的解釋、未來世是現在世的結果，亦即人能使上力的是「今世」，前世與後世是為了強調今世的重要，否則若繼續探討前世，你的媽媽前世可能是你的貓，你的爸爸上輩子可能是你的女兒，這樣大家往後在一個屋簷下見面，豈不是怪怪的？搞不好與你同床共枕的先生前世是隻狗，再想下去會覺得做什麼事情都怪怪的哩！

而且佛教強調的是「累世因果」，所謂的「前世」可不是只有「一世」，而是千千萬萬數不盡，除了做人之外也當豬、當羊、當青蛙，大家的關係重重疊疊的，算了上一世的帳，那麼上上一世呢？所以若先生外遇，理由是上輩子他是妳小老婆而且又被妳欺負，妳就告訴他：「你上輩子當我小老婆是因為在上上輩子你先欺騙我的感情！老娘我上輩子納你當小老婆來欺負只是剛好而已！」這樣計較下去有什麼意思？

人能掌握的就是「此時此刻」，你可以相信前世今生，但請用在正面的力量，前世今生是用來提醒自己：偷人者，人恆偷之。

Q02 往生親人的靈魂真的會在頭七回來嗎？

我從小就跑遍台灣各地的靈堂，家屬往往會在頭七之前希望我能到靈堂去一趟，看看能否遇到亡者並聊上幾句，我也很納悶：「為什麼要頭七？」民間習俗相信在頭七當天亡者會返家相聚，有一說是在頭七之前，亡者不知道自己已經死了，在那天才會知道並且回來告白；也有一說是人死後會茫茫渺渺不知何去何從，在頭七當晚才會回家告別。老實說，我不知道這些說法根據為何？據我的經驗是因人而異，有些人確實要死了兩、三天才知道，這種情況以老年人和意外身亡者居多，前者是因為老化活得糊裡糊塗，後者是太過意外而一時無法反應過來。至於待在世上多久、是否頭七當天回來，則無法成為通律。

倘若由「擇日」的原理來看，或許能解釋頭七這種習俗，根據中國的傳統編年，六十甲子是由天干與地支搭配而來，天干（甲乙丙丁戊己庚辛壬癸）每兩兩對應著木火土金水，這就是我們熟悉的五行相生相剋，只要逢三就是相生，逢七就是相剋，地支也是如此，所以逢三是吉數、逢七為凶數，喪事又稱為凶事，自然就會選在第七天了，於是「做七」就成了民間的喪葬習俗。

儀式是一種社會秩序的宣示，行禮如儀代表著參與者依自己的身分擺放在儀式中的位置，也是在這樣重要聚會中「宣示主權」，所以「做七」儀式會與祭拜者的身分連結。所謂的「頭七」是兒子負責，「二七」是媳婦負責，「三七」是出嫁的女兒，「四七」為姪女，「五七」是出嫁的孫女，「六七」是出嫁的姪孫女或曾孫女，重要的「七七」又回到兒子來宣示主權。當然其中也因各地習俗有所不同，在現今的工商業社會，除了重要的頭七與七七不變之外，會將間隔的七天縮減為兩天，把儀式帶過去。這段時間也是親人透過儀式互相慰藉、彼此療癒悲傷的重要時刻。

所以，其實不必太拘泥於「頭七」親人的靈魂是否回來，每個人的狀況有所不同，有些徘徊許久，有些則剛亡故就離開。再者，「七」在中國文化五行來說是凶數，但在西方文化卻是 Lucky Seven（幸運七）；反觀國人喜愛的「六六大順」，「六六六」在西方卻是代表撒旦的不祥代號，我還深刻地記得國外友人在台北看到六六六號公車疾駛於街頭時，那份驚恐與不敢置信，我便安慰他：「六在我們文化裡是很吉祥的喔！」因此，不必太眷戀於「頭七」與其儀式，畢竟我們對摯愛親人的思念，不會在滿七七之後就無影無蹤，我們對他們的思念是又長又深，直到活人至死方休。

Q03 人在瀕死時的狀態如何，死亡時會出現幻覺嗎？真的有那道指引的光嗎？死亡時會看到死去的親人來引路嗎？死時會痛嗎？死亡後如何安排為佳？

聽家人的說法，我在小時候有幾次被送去急救的經驗，曾經因為護士的不理睬，讓我娘直接抓著護士的頭去撞桌子。醫師也曾經勸家人就放手吧，我娘便跪在地上求醫師再試試看，還好後來有起色。日後去拜訪醫師時，我的主治大夫都不敢相信我竟成了運動員。可惜的是，那些瀕死過程我都沒有記憶，不過我的學姐倒是對幼時的溺水經驗仍然印象深刻，我們可以參考她的經驗。

學姊約莫四、五歲時，與家人和鄰居一起到附近公司的私人游泳池戲水，午後雷陣雨讓他們困在那裡，學姐自告奮勇地要跑回家拿雨傘，不過雨實在下得又急又兇，雨水打在臉上讓學姐幾乎睜不開眼，竟失足一腳踏入有兩三層樓深、底下是渦輪的污水處理池。其他家人奔過去想營救，但污水池的水面上滿是腐爛的樹葉，大家根本看不到她在哪裡，所幸附近有一名躲雨的軍人，聽到呼救聲後趕緊跑來幫忙。

學姊落入水中後，感到水嗆得她非常難受，幾經掙扎都抓不到可以求生的物品，呼吸越來越困難，嗆水的疼痛蔓延整個上半身，除了痛楚之外，腦袋裡一片空白，在持續的劇烈疼痛後，突然一瞬間變得一點都不痛，感受不到自己的身體，好似自己沒有重量，也沒有了形體，身體不再與自己有關聯，周遭一片漆黑，只有遠處約略有個光點，她下意識就想走向那個光點，沒多久又突然感到手被拉住，這是最後一個感覺，接著便陷入昏迷。

原來手被拉住之時，正是阿兵哥奮不顧身地跳入水中救她的時候，阿兵哥在池邊撈不到人，正好他會潛水，便跳入污濁的水池中找她，撈著撈著就抓到學姐的手臂，一把將她從池裡拉出；也幸好這位救命恩人會心肺復甦術，做心肺復甦術時學姐醒過一次，吐出不少污水，接著又陷入昏迷，再次醒來便是在家中的床上，後來又昏昏沉沉地過了數日。

西方對於「瀕死經驗」的研究相當熱中，據美國蓋洛普在一九九四年的調查，全美有百分之六的人口，亦即一千三百萬人，曾有過瀕死經驗，研究瀕死經驗的國際組織更分布數十國。大部分共同的經驗是看到「光」，不論是遠方的光束或遍布身旁的光，幾乎所有人身上的疼痛都會解除，有些還會見到已經死去的親人，這些場景都相當類似，而這些有過瀕死經驗的人，幾乎都會對自己的生命改觀，對自己的生命更加珍惜，較不執著於原先看重的財富與名銜，許多人更會投入慈善活動，用更慈悲的心去面對他的新生活。

我曾在靈堂幾次與往生不久的靈溝通過，有些不甘病死者會表現出罹病時的痛苦，不舒服的地方在剛往生時也仍然不舒服，不過並不會持續太久，多半半天、一天，最多三天內，症狀就會消失，變成無病、無痛、虛無縹緲的狀態；至於周遭的情景，有些則表示能看見在世時所見到的情境，兩者並沒有太大差異；但是也有的是說自己在一片漆黑當中，如同陷入濃霧，但是未必全是黑色，也有一些靈是看到七彩的光、白光，也有的初見是白光，之後變成紅、紫、黃等等，因為身邊一片漆黑，往生者多半會選擇往有光的地方走去。

至於見到有親人或使者來接引的，多半是在過世的前一刻，或是將走的那幾天，特別是病重者，會看見過世的親人或牛頭馬面，而有基督教信仰的則多半會見到天使，可見得這與自己的信仰有關。以醫學的觀點來看，這是人之將死，腦內的二氧化碳和神經傳導不同於一般，因此而產生幻覺。而就我個人經驗，陪伴病人走向最後一刻時，並不常見到有親人來接，倒是偶爾會看見過去曾墮胎的女性，當年沒生下來的胎兒會在身旁等待，等往生後再一起離開。

在死者旁等待著的，比較常見的是像人形一般的「使者」，它們像是穿著袍子，微微發出自然光，故看不清樣式，多半長髮及肩自然垂著，頭髮雖散卻不亂，同樣發出微微的光亮，至於五官更是不可得見，只能看見整個面容發光，無從與它們溝通，不論我怎麼請求，都未曾獲得回應，它們似乎有任務在身，只知道執行任務而不與外界溝通，所以不論是威脅恫嚇，或者哀求賄賂都沒有用，只要見到它們，就知道病人的時日無多，通常在十二小時之內就會被帶走。

我覺得死亡只是一瞬間，而死後應會到另一個階段，至於到底如何、往哪裡去，都是以生前所作所為來決定，在死亡的那一刻多做什麼都是徒勞的。倒是人快死亡時將面對畢生中未曾經歷的時刻，害怕、驚慌與無助是人之常情，這時需要的是冷靜與放鬆，隨著命運而去，所以家人請盡量不要在旁拉扯哭喊，這會讓亡者更加心神不寧，更加使這個階段無法順利地度過。所以死後最好能遵照亡者生前希望的安排，而非在世者因為自己的哀傷、不捨，甚至因為面子或「大家都這麼做，我就應該這麼做」的態度，去處理往生者在世上最後、也最重要的一件事。

Q04 怎麼樣的死亡情形最好？睡覺中死去的人真的就是得到善終了嗎？意外死亡的人跟正常情況死亡的人有什麼差別？

如果可以選擇，我希望自己能在睡夢中離世，畢竟看過太多死前的掙扎，我時常勸癌末者能選擇注射嗎啡，在寧靜中放輕鬆地離開，不過這樣其實不完美，畢竟死亡並非結束，而是下一個階段的開始，在意識不清楚的狀態就跳到下一個開始，會太過倉促，所以在睡夢中離世稱不上是最完美的方式，只是相較於死前的痛苦掙扎，的確是好多了。

至於意外死亡者，也是必須面對突然離世的衝擊，有些往生者會感到不可置信，直到實施招魂等儀式時，或者是發現自己與肉體分離時，才會猛然明白自己已經死亡的事實，雖然這樣挺令人遺憾，好像無法做什麼準備，但是從實際面上來看，知道自己何時死亡與如何死亡，也沒啥幫助，因為之後會往哪去，並非取決於何種死法，而是在世時的功與過，所以不必太執著死亡的方式會如何影響下一個階段。就像是準備考試一般，我們似乎怎麼準備都不夠，但是就算都沒準備，時間到了還是得硬著頭皮應試作答，不論我們是否有準備、誠意地完成，最後還是有個成績，所以最重要的是人生中的準備與應答，而不是用什麼方式交出考卷。考試的成績是根據你的內容來判斷，不是你用翻筋斗或又爬或跳的交考卷方式。

上天已經給我們一輩子的時間，也讓我們知道一定會有死亡的一天，可是還是沒有多少人能好好準備這份最重要的功課。怎樣離開不重要，也沒有多大差異，重點是我們怎麼活好這一輩子。

Q05 死亡後真的會靈魂出竅嗎？人死後真的可以招到魂嗎？

我個人的經驗與理解是：人有靈魂也有肉體，生命就在孕育肉體與靈魂進入後誕生，也在靈魂離開後而結束。有時在陪伴病人走向生命的終點時，人的靈魂就在亡者吐出最後一口氣時一起從咽喉出來，有時候旁邊會有無形眾生幫忙，它們像是會發光的人，多半是發出微微的自然光，同樣具有穿透感，面容則是更強烈但仍然柔和的光，協助亡者的靈魂從咽喉處離開。

不過也有些是端靠自己脫離，通常大好人或大壞人都不需要太多的時間，我猜它們應該是很快要去享福或者被懲罰吧？靈魂要從身體離開時，一般都不是那麼容易，需要一些時間，短則半小時，長則要十二小時，因人而異。這時候最好不樣隨意移動大體，更不要去搖晃或趴在大體身上哭，人家正忙著要搬家離開，就不要去添亂了！

至於靈魂離開後會去哪裡，就是大哉問了！不同的宗教信仰有不一樣的說法，我的心得都是由經驗與觀察累積，只能看到什麼說什麼，而我確實未曾跟著靈魂到下一個階段，實在不敢講到底是如何？所以很抱歉無法提供觀察報告，但是我承諾，如果我死後還能寫文章，到時一定會再如實與大家分享！

靈魂去了哪裡是個謎，待在世上多久、待在哪裡也是個謎，有些能看到如在世所見，有些卻身陷一片漆黑，所以招魂是否能成功？實在沒有一定的把握與定論。過去我想幫亡者傳遞訊息也時常遭遇困難，除了死亡太久的成功率大大下降之外，通常現場也有許多無形眾生會聲稱自己是本人，所以我還得商請自己的無形朋友幫忙維持秩序，請大家排好一排等候面談，讓我一個個確認：例如有幾個小孩？怎麼死的？哪一年出生？生前愛吃什麼？否則大家都說自己是本人，弄錯的話對家屬可就不好交代了。

就算總算招到了魂，可其實也講不上什麼話，因為人在死後記憶力會急速地衰退，許多事情根本記不清楚也想不起來，我本來很納悶怎麼死後記憶力就差這麼多，後來看過老年癡呆與失智老人後，才覺得人的衰敗或許就是這麼現實吧，就像有些病人在末期連子女配偶都認不得了。因此像是老年癡呆與失智老人的患者，往生者就算招到魂，也時常記不起生前的事情，多半只能說出簡單的片段，例如愛吃什麼，或興趣為何，有些只記得生前掛念的事情，常讓我覺得招魂沒什麼實質意義。

死後就是下一個階段的開始，亡者或許已經要進入下一個更好的階段了，實在不要因為我們生者的思念與不捨，又強拉他們回來，如果招到的魂是陌生者，就當作是被欺騙感情，或救濟他人也就罷了，最怕的是反而讓家人親屬留在我們的生活空間，回不到陽世又去不成下一個階段，變成靈界的遊民，這樣事情可就大條了！我時常都會這樣擔心，又不能跟亡者說：「事情問完了，你等一下自己搭公車回去啊！」我連計程車都沒辦法幫他叫啊！你們家屬這樣為了自己把亡者叫來，那之後怎麼辦？我帶回家作伴嗎！家有一老如有一寶也不是這樣說的吧！天要下雨、娘要嫁人，是留不住的，生命更是如此，不如把握在世時能把握的每個時刻，遠勝過陰陽相隔時的猜測與不安。

Q06 為什麼有些人下葬後居然不會腐化？會對家人有影響嗎？

下葬後不會腐化的原因是：「棺材買太好」，不然你拿兩塊布包一包埋在土裡，過幾年還不腐化才叫新聞吧！葬禮是我們為往生者能做的最後一件事情，會想盡心盡力當然是人之常情，安排最好的儀式與最好的棺槨也很正常，問題就是棺槨若材質和設計把空氣隔絕得太好，就像是真空包裝一樣，那麼遺體就會很難腐化而形成蔭屍，未來會對撿骨的師傅造成很大的困擾。

首先，那味道很難聞。

那股惡臭甚至會沾在衣物、頭髮上面，如果棺材內放的庫錢、木炭等等不夠，祖先就會在裡面載浮載沉，師傅就要先給棺材打個洞，讓屍水先排除，接著師傅得要用石灰灑滿遺體，利用高溫把大部分的遺體化掉後才能處理骨頭，而骨頭上面多半還會殘存未化掉的餘肉，多半是肌肉組織，師傅還得一根根細細刮除，最後才能進行撿骨，這真是耗時、耗力又耗金錢的大工程，確實對家人很不好，因為處理這種事情沒人會開心吧？

在西藏有著名的天葬[39]，只要非因病或兇死者，天葬是最好的處理方法，伊斯蘭教義則規定用土葬，印度恆河常會看見有遺體就這樣漂過去[40]，現代的社會則大部分採用火葬，人口密集的中國大陸更是將火葬納入法律規定，不同的社會文化就會有不同的葬法，不過大家還是同樣會有悲歡離合，並沒有「這樣做」會庇蔭後輩、「不這樣做」就會大逆不道、絕子絕孫的說法。難道台灣開始規定只能火葬，避免蔭屍造成後輩的不幸福，整個國家就會幸福美滿、風調雨順、國泰民安嗎？

曾聽說某某人家中有許多不幸，後來才發現是長輩有蔭屍的情況，說得頭頭是道，但是有多少人追蹤過當蔭屍處理完之後，這家人就「男的點狀元，女的封誥命，大的當總統，小的當議員」呢？

人生總是會有苦痛，需要找個理由與抒發窗口，蔭屍對家人會有負面的影

[39] 由專業的人支解遺體後供禿鷹等眾生啃食。
[40] 恆河是印度教的聖河。

響，這習俗因為我們相信，所以就變得理所當然。

倘若就是深信不疑也無妨，要避免蔭屍就別用棺材，或者用樹葬、火葬吧！煩惱就一勞永逸了。

Q07 亡者會托夢嗎？

數年前桃園大園空難發生當晚，我做了個畫面鮮明的夢境。在夢中我發現自己身在曠野，除了有風襲來還有細雨打在臉上，我睜開眼睛後竟發現自己不再躺在自己的床上，而是我不認得的空地，我馬上坐起來看到底發生什麼事情？旁邊有個身體多處燒得焦黑的男子說：「我們是空難的受難者，請妳幫我們的忙。」有些想跟家屬說話，有些則希望盡快找到自己還沒被找到的遺體碎塊。我喝叱它們怎麼可以這麼不尊重人，同時也向它們說明我的難處：「我總不能衝到靈堂，就說我要幫你們轉達吧？你們應該去向自己的家人托夢，讓他們來找我，我才好幫上忙呀！」後來我閉上眼睛，等到身邊涼風消失後再度睜開眼，我又回到家中的床上，不過後來幾天我都沒接到需要幫忙的消息。

其實我由衷地盼望亡者可以托夢，這樣就不會有一堆人老是要我牽亡魂，如果亡者和家屬可以自己DIY，那麼靈媒就會變成沒落的夕陽工業了。不過我時常接到的案子，反而是家人本來不覺得怎樣，但因為夢到往生的親友，所以心裡不安想要再問個明白，那時我就會很哀怨：「搞什麼啊？要講就講清楚，幹麼給別人添麻煩啊？」其實就算真的去招魂來問，還不是交代夫妻不要吵架、小孩好好讀書，再不然就是要些衣服食物，或者希望墓地、骨灰能作怎樣的安排。

就我個人而言，這實在是很不實在，因為人在往生後靈魂是留不久的，怎麼能夠確認來到夢中的就是自己的親人呢？我倒比較傾向於心理學的觀點，人有可覺察到的意識，也有存在腦中但是自己無法察覺的「潛意識」，我們對亡者有許多牽掛，或許連自己都沒意識到，到了睡夢中換潛意識開始活躍，透過「作夢」讓人再次想起此事，也可以說是自己在提醒自己，也能藉此不切斷自己與往生者的關聯，兩者似乎透過夢境再度連繫起來。

我觀察過往生者，亡者不大可能親自入夢，他們都快搞不定自己了，連自己在哪、要去哪裡都不清楚，更何況是進入另一個人的夢境，因此我較支持心理學的看法，認為這是掛念往生者所產生的現象。如果亡者真能隨意入夢，那就請他自己講得清楚一點，就不必再勞煩靈媒插手嘍。

Q08 死後需要陪葬品嗎？

雖然每個人都知道自己終將死亡，但是卻很少有人能坦然地去接受，人們對於生命總希望能繼續延續不要終止，所以西方宗教說人在此世後將會有永生；而印度教的輪迴觀念帶入佛教之後，生命變得生生世世沒有盡頭；中國道教說得更白，修練的目標就是「成仙」——乾脆不要死。但是能羽化成仙的畢竟是少之又少，所以道教又有「屍解仙」的概念，就是死後屍體不見、成仙去了，但是這還是非常困難，所以一般大眾還是比較能接受，死後的世界就跟現在一樣。

於是死後世界隨著時代的演變而變得豐富，我在第一本書的其中一章就有說明從古至今對死後世界看法的演變，除了豐富的生活用品、妻子或僕人陪葬，到了漢代也出現「地契」，代表亡者買這塊墓地的合法權利，所有一切如同在世的現實社會。而把陪葬品發揮得淋漓盡致的當屬中國的帝王了，這些帝王傾國力建設陵墓，宛若死後還在地下世界統治另一個帝國，軍隊、糧草都一應俱全，陪葬品的貢獻就是提供後世研究當時生活最好的材料，至於對亡者本身呢？貴重的陪葬品反而時常成為盜墓者覬覦的目標，不論在世是如何的帝王將相、富可敵國，盜墓者的眼中只有那些可以變現的陪葬品，在盜墓的同時難免會破壞遺體，比較沒良心的甚至任由大體曝曬荒野，或隨意置於墓地。陪葬品有時反而是害了亡者。

有些陪葬品則是為了活人而設的，死亡對人來說總是帶有恐懼，畢竟去過那裡的人沒有一個回來過，生命的終止是多麼的可怕呀！所以就算是處理自己摯愛家人的喪事，也會當作「凶事」，會擔心哪天亡者突然回來，還想帶我們走，所以將亡者送進墓地後，還會一同放入煮熟的鴨蛋與豆子，並告訴亡者：「你在這邊等喔，等到鴨蛋孵出小鴨、豆子發出芽來，你就可以回家了。」擺明就是怕亡者回來找活人啊！這時候陪葬品是為了活人，不是為了亡者。

現代人對葬禮中極度非理性的部分減少了，葬禮辦起來多了些人味與感性，以往人死入棺後，總有一堆禁忌讓亡者與活人有了隔離，許多人會感嘆沒見到最後一面或說到最後一些話，現在葬儀社多會在入土或火化時，讓親友把握最後機會與亡者說再見，在那個時刻無禁無忌，讓心裡暫時放下禮俗或恐懼，好好再與亡者說再見，同時親友會在棺槨內準備亡者生前喜愛的東西，例如書本、樂器，甚至3C用品，希望伴隨亡者，地下歲月不會孤單。這時候的陪葬品是對亡者最後的告別與祝福，對活人的慰藉就十分有意義。

人死之後，大體就是一具臭皮囊了，我覺得陪葬品並不重要，倒是要放一些紙錢、木炭和衛生紙，才好固定遺體，避免棺材在移動中晃動到遺體，而那些吸水的材質也可避免亡者死後才在裡面學游泳，這些陪葬品有實際的功能；而額外的物品則是給亡者最後的禮物、最後的祝福，若能撫慰到親友的心，陪葬品是好事。死後，亡者不需要陪葬品，是在世的活人需要。

Q09 自殺死亡是種解脫嗎？

前幾年一次去幫人看房子時，當事人在幾個建案中，看上了一間那種一層兩戶的房子，坪數、設施、位置等等都很理想，而且那一棟的高樓層也只剩下這麼一間，看來很好作決定，不過我卻在門口突然看見一家四口的影像，那哀怨的眼神讓我心生驚駭，這現象相當罕見，我便問銷售小姐對門是怎麼回事？銷售小姐一派輕鬆地說：「喔，那是有人住的，不方便進去看，不過格局是與這間對稱的。」不過我想知道的不是格局，比較想關切的是怎麼會有四個無形的就這樣突兀地出現？

當事者本來有中意那間房子，但是因為這個特殊的現象，我強烈建議立刻離開，事隔一週之後才從社會新聞一窺端倪。原來有一家四口在那間屋子燒炭自殺，而且死意堅定，他們把通風口、門縫都塞住了，是樓下住戶發覺到水的味道不對勁才報警處理，那時已經死亡超過兩週以上。

曾聽過自殺者每天會重複自殺的說法，我倒是對此存疑，因為經驗中沒有遇過這種現象，或許這種說法是要規勸自殺者別做傻事吧？而且自殺者也未必會在原地長長久久，時間到了還是會離開現場，至於去哪裡，就像其他亡者一樣是個謎。自殺不像一般死亡是種解脫，不論何種宗教，都有提到自殺是重罪，雖然生命有自主權，但是殺害自己也是奪走一條人命，這是萬萬不可犯的重罪。

我相信自殺絕對不是解脫，而是陷入另一個困境，否則這一家子應該是歡樂地手牽手在家開轟趴，若有重演燒炭的行為，我會以為他們在提早過中秋，但他們卻是用怨懟哀苦的眼神看著我，想想他們有多苦，得要有人經過時才能如此求助，若不是屍體產生惡臭，還不知道要多久才會被發現？更何況靈界是個弱肉強食的社會，當人的時候既然沒有勇氣活下去，死了以後在靈界也會備受欺凌，死亡一定不是解脫，有著有形的軀體都不能有所作為，成為虛無縹緲的無形更是無能為力。

千萬別想藉由自殺來解脫，現在好歹還有法律、有社會福利、有親朋好友還有公益團體，到了靈界什麼都沒有，屆時再後悔可是來不及了。

Q10 參加葬禮時，需要防煞嗎？葬禮後可以喝酒嗎？在葬禮拿到的毛巾、白包要如何處置？

葬禮在我們的傳統文化中是「凶事」，既然是凶事就是代表不好，配合著時辰五行，還有人的八字，習俗中會認定有些人命中注定有關卡[41]，有些人終其一生被告知不可參加喪禮[42]，也有些人是不能進廟宇[43]的，甚至不能參與佛事[44]，就算八字裡沒有提到不可以參加葬禮。葬禮當天配合天干地支也總有相沖的生肖，習俗中都相信若遇到相沖會有難，況且這些凶事總帶著不好的煞氣，似乎最好還是防著比較好？

其實葬儀社的員工排班表，葬儀社的員工休假是依照個人行程來安排，沒有人會參考那天是否命中注定參加喪事會犯沖，也不能憑自己的八字命盤向公司申請公假，由此可知參加喪禮實在無須多慮，即使我在還是個毛頭小孩時就幫人處理喪事，家人也從來沒幫我看過日子，或特意準備防煞物品。只要懷著虔敬的心去參加，就會平平安安的。倘若還是會擔心，可以在身上帶著七片榕樹葉，離開告別式後丟在路邊垃圾桶，讓自己安心也好。

倘若談起葬禮的禁忌，「喝酒」可以算是其中一個，主要是因為喝酒會影響心神，在那種肅穆的場合，對遭逢生死離別的哀戚家屬，稍有不得體的行為都可能會非常失禮，並且對家屬造成傷害。再者，葬禮中總有不少紙錢與供品，難免會引來眾多的無形眾生，酒後會降低自我意識，卡陰的風險也會增加，雖說未必如此，但總是比一般人的風險還高。所以，不論是為了家屬、為了自己，葬禮前後最好不要飲酒。

至於參加告別式所拿到的毛巾，那是家屬的回禮與心意，也代表人與人之間的情分，實在不必視若洪水猛獸或不祥之物。若有顧慮，可以在回家路上把外包裝丟棄，毛巾則供一般使用。我多次參加告別式，也收了不少毛巾，有些

---

41 請參考本書第二章「民間習俗」問答的第二題。
42 俗稱埋兒關。
43 俗稱鬼門關。
44 俗稱和尚關。

拿來用作洗臉，仍然平平安安的，實在不必多慮。

至於在葬禮幫忙時收到的紅包，或是家屬收到的白包，從古至今，金錢都是最好的互助方式，畢竟舉辦婚禮或葬禮都要花錢，包個紅包或白包是即時又實際的互助。家屬收到的白包自然用來支付亡者的喪葬費用，倘若還有剩餘，就用來照顧遺族；至於協助葬禮所收到的紅包，我則一律捐給公益團體，每次這麼做以後都覺得事情變得格外順遂，亡者雖然離開人世，但將遺留下的這些財物轉為愛心公益，彷彿是生命在這世上的另一種延續，這是對他好、也對自己很好的處理方式。

2.

祭祖——

五個祭祀、掃墓時該如何安排的疑問

Q01 不同的下葬方式會對死後前往的世界有影響嗎？

如同前文所提到的，人在死後，肉體與靈魂是雙雙分離的，所以陪葬品、安葬的方位，乃至於陪葬品，對死後前往的世界並無影響，因為死後會前往何處是決定於活著時的一切言行與功過，死亡只是短暫的過程，遺體更是如塵土一般，所以只要依個人的宗教信仰與文化進行即可。不同宗教信仰的下葬方式，與其形成的背景皆相關。

基督教視死亡為榮歸天家，喪家以尊敬的心將亡者的遺體予以火葬或土葬，喪禮時間不拘泥特定日期與時間，多半選在星期日，方便教友一起作安息禮拜，大家一同懷念亡者並給予深深的祝福，不論火葬或土葬，或是下葬的方位與時間，天父都會歡欣地接納祂的羔羊；伊斯蘭教則認為人生中不能耽擱的三件大事為「下葬、結婚與開齋」[45]，亡者最好能在天黑前、最遲三天內盡快下葬，亡者也無棺槨或陪葬品，只用白布包裹便入土下葬，因為伊斯蘭教深信作惡者死後會入火獄，罪人將被　真主以「火」作為刑罰，因此忌諱採用火葬，下葬的時刻與方位同樣與死後世界無關，唯有亡者大體要面朝天房，是提醒要敬拜獨一的造物主，後世則依生前善功惡業而有所不同。

佛教亦認為人往生後，遺體不過就是一副臭皮囊，因此處理遺體只要以莊嚴的心對待，而非執著於繁文縟節，與其說是「辦喪事」，不如說是「辦佛事」，重點擺在人將往生的那一剎那，到死後七七四十九天的中陰身階段，中陰身沒有肉體，如同是人的意識般存在，因此在即將往生的重要時刻，根據淨土法門，要不斷提醒往生者念佛以求往西方淨土，或蒙阿彌陀佛接引，往生彌陀淨土。此外在地藏經等大乘經典中也提到，即將往生者只要能聽聞到一佛名，那麼至少可以不墮入三惡道中。遺體的處置只要莊嚴尊重，不管是火葬、土葬，乃至樹葬均可，在高原地形的西藏，甚至會採用「天葬」，由宗教師肢解遺體後供禿鷹等眾生食用，往生後的世界取決於「業力」，而非下葬方式。

而道教與傳統信仰就很注重下葬的方式，並且以各種儀式求亡者幸福，也求家屬順利。過去我前往喪家為亡者傳遞訊息時，有些現象令我很驚訝卻也很無奈，即是家屬除了希望亡者能好好走過之外，更希冀它能給予庇佑與解答，就連第三個兒子要作什麼生意比較好？小媳婦為什麼生不出兒子都要問，也有求樂透明牌的，也有要二十六個英文字母都寫不齊的阿公，保佑孫女托福要考個好成績，簡直是把死者當神了！就我的經驗，亡者能搞定自己就是有福報了，以餘德庇蔭子孫並不是用求的就會有。

人在死後便與肉體分離，以尊重的心情莊嚴處理即可，因為死後世界的好壞端賴亡者生前的所作所為，下葬方式不要過分即可。

㊺齋戒時從太陽升起至落下都不得進食與飲水，一整天的齋戒下來，開齋自然是不能耽擱的。

Q02 祖先牌位該如何安置？

除了冤親債主之外，我們也時常把腦筋動在親愛的祖先身上，認為今日的福禍與祖先牌位、墓地等安置相關。伊斯蘭教認為祖先死亡後會到 真主身邊，所以死亡稱作「蒙主寵召」。基督教也覺得亡者是到上帝那裡，所以死亡稱作「歸真」。佛教則認為亡者會依其業力轉世，故稱死亡為「往生」。華人社會有個特殊的信念：相信祖先死了後會變鬼，與我們常伴左右，甚至能左右禍福。祖先的形體不在了，卻以「精神存於牌位」的方式，和我們生活在一起，祖先牌位有多重要呢？受家暴的婦女不敢離婚，是因為擔心死後魂魄不能回娘家，也不能入夫家的牌位而變成孤魂野鬼；逃難的時候黃金可以請別人幫忙提，失火時家產可以先放著，祖先牌位可要牢牢揣在懷裡。這樣的信仰是從哪裡來的呢？

「凡治人之道，莫急於禮，禮有五經，莫重於祭，夫祭者，非物自外至者也，自中出生於心也，心怵而奉之以禮，是故唯賢者能盡祭之義」（出自《禮記・祭統》），古時候覺得統治人民最重要的是「禮」，而「禮」當中最重要的是「祭祀」，以前官府管得可嚴了，連人民祭祀、葬禮的「規格」都要管，墓裡能擺幾座「鼎」就是幾座，一點都沒得商量，歷史學家也透過周代後期墓穴的「禮制敗壞」、大家想放幾個就放幾個，來判斷中央已經漸漸喪失控制的能力。雖然王室會敗壞、朝代會更替，但是留下來的「精神」倒是代代相傳幾千年。

自從漢武帝罷黜百家、獨尊儒術之後，儒家思想便深入我們生活的各個層面，漢武帝會選擇獨尊儒家是有原因的。漢代初年民生凋敝，社會需要的是休養生息，那時流行無為而治的黃老之說，到了漢武帝即位時，大家都富了起來，中央集權的治理才是帝王要的，而儒家的尊君和倫理，為「封建制度」提供絕佳的理論基礎，君君臣臣父父子子的各宗其位，至今「倫理」仍是我們華人引以為豪的特色。儒家要維持這些倫理分際，於是首重於「禮」，「禮」是無形的控制力，教我們連獨自一人時也不敢造次，這種看不見的精神控制則由「祭祀」做強化訓練，每每進行著這些看似說不出所以然的儀式行為時，我們已經將這些「規矩」內化為自己的一部分。

古人為了表達對天地、祖先的感恩而祭祀，不過「天」要怎麼拜呢？「牌位」就是以「象徵」的方式，去轉化我們祭祀的對象，「天」便以雕刻的「皇天上帝」牌位表達。為了強化儒家信仰，從北魏就於首都設孔廟，唐太宗更下令：「天下學皆立周、孔廟。」於是孔廟遍及各地，又因所謂：「子不語怪力亂神。」孔子不許偶像迷信，因此他和他的弟子們都以「牌位」而非神像呈現。民間常見「天地君親師」的牌位也是一項特徵。大家有沒有注意到祭祀關聖帝君的廟宇外面，都是一粒粒圓球而無門神呢？關公崇敬孔子，許多神像還手持《春秋》，故關公廟不可以有「鬼神迷信象徵」，如：門神；可是古人又覺得門沒有神看顧很奇怪，乾脆請來三十六天罡、七十二地煞來幫忙，這就是主神為關聖帝君的廟宇門上有金球而無門神的由來。

重祭祀、敬祖先與儒家的影響有著高度相關，至於「祖先牌位」的由來，傳說漢代的丁蘭自幼由母親獨自撫養，可是他脾氣暴躁又不孝，若對母親稍微不滿就惡言相向還拳打腳踢，一天他看到小羊跪著喝母乳，又想起自己對母親的種種行為，心裡非常懊悔：「連羊都知道孝順了，我竟然還不如畜生嗎？」等稍晚母親送飯來的時候，他想要過去說謝謝，可是他媽媽以為是晚到所以惹他生氣了，急急忙忙地過溪，卻被大水沖走[46]，丁蘭找了很久都沒能找到屍首，故拿一木頭刻母親肖像，日夜請安，如母安在。有天，他妻子覺得幹麼對木頭這樣，所以用針去刺木頭，想不到那木頭竟然還流血！

另有一說是，丁蘭自幼父母雙亡，所以刻了一雙父母，待其有如生時，有天隔壁鄰居要借東西，丁蘭的妻子因為先生不在家，所以就擲筊問木頭像，答案是不允許，隔壁鄰居超不爽，酒醉裝瘋去打罵木頭像。等丁蘭回家後，覺得木頭像的表情不太開心，丁蘭問了太太之後就抓狂了，去找鄰居報仇，官府見丁蘭打人當然逮捕起來，木頭像竟然還流下了眼淚！官員知道始末後非常感動，將此事大大表揚，此後許多人也設立祖先牌位來表示孝心。

---

[46] 另有一說是丁蘭讀書後幡然悔悟了，當母親送飯時晚到，以為丁蘭要責罵，慌張離開時撞死，後來的人就拿那個木材做牌位。

看完兩則類似的故事後，除了深感要孝順父母、今天陪他們吃個晚飯吧！也可以理解何以古時候總是有很多故事來「教化人心」。「祖先牌位」便成為華人社會的傳統，用以維繫一家子的感情與禮法。很多事情流傳久了會失去原意，甚至「僵化」成魯迅說的：「禮教殺人！」多少家庭為了「祖先牌位」的歸屬、祭祀吵得沸沸揚揚的。現在又流行「不順遂是祖先來討」、「沒有拜好」的緣故，或是因為祖先無人祭祀，如父執輩、祖父輩因為入贅而「遺漏祭拜」，或者祖先有倒房、過繼或「雙姓」的狀況，這會兒吵著要拜、要討吃的，所以才來作怪。這是真的嗎？那我們來看看「姓氏」是怎麼回事？

您知道孟姜女姓什麼嗎？這可不是白癡問題，因為孟姜女不姓孟！宋代史學家劉恕在《通鑑外紀》中說：「姓者，統其祖考之所自出；氏者，別其子孫之所自分。」從「姓」這個字的女字旁就可理解，原始是以母系社會發展，母系的血統繁衍以「姓」來與他族作區分。但隨著人口增多，需要再用別的特徵以資辨別，所以還得用「氏」來區分。例如：子是商代祖先的姓，子姓的下面又分氏。據《左傳定公四年》即有「殷民六族」：條氏、徐氏、蕭氏、索氏、長勺氏、尾勺氏。比如孔子的爸爸叫「叔梁紇」，孔子怎麼不是姓叔或叔梁？

孔子本來是宋國貴族的後代，而宋是由殷商遺民所建，所以他們應該是姓子[47]，他的先祖以公孫為氏，而孔父的「叔梁紇」則是名號；到孔子他老爸的時候，因為規定：「五世親盡，別為公族」[48]，所以選了孔子爸爸的字「孔」為氏。所以孔子的爸爸和更早的父執輩們，名號當中都沒有「孔」字，是在孔子之後才傳下來的。而「氏」會因手足序、爵位、封國、居住地或職業[49]來分，因此衛國的商鞅原本叫衛鞅，後來因為封地在商所以叫商鞅。而「孟」是女子排序中的老大，由此可知，孟姜女是指「姜家的大小姐」。

過去姓氏是用來區分貴賤身分，所以非常重要，尤其是在封建時代。戰國以降社會再經動盪，父權制的深植將「氏」的傳承變成圭臬，漸漸形成我們現

---

47 商人姓子、周人姓姬。

48 《孔子家語》：按照宗法的規定，傳了五世之後不能再繼續列入公室，必須別立一族。

49 手足序如伯、仲、叔、季。長子為伯、次子為仲等等。爵位則分：公、侯、伯、王。封國則分：曹、周、魯、衛、齊、秦、宋。居住地則如：園、城、郭等等。職業則可分：衛、陶、索等等。

在的樣子。然而，古人的「姓氏」也並非就此不再變動，從前犯了重罪時，常是株連九族，天啊！那個親戚我又不熟，幹麼把我滿門抄斬啊？或者朝代更替時，總是會有人被追殺，或許是有難言之隱（比如：跑路），更改姓氏也就自然地發生。穆斯林為何有很多人姓馬？有一說是皈依伊斯蘭教時，循先知穆罕默德的尊名，改姓「穆」或「馬」[50]所故。

祖宗牌位的起源為「孝」，姓氏的源頭也有其歷史脈絡，看待祖先牌位應回歸初衷，敬愛自己的祖先、對自己的父母感恩，請別再為了怎麼處置祖先牌位，或者祭祖時該拜素或該拜葷而鬧得不愉快，祭神如神在，有心最重要。

Q03 祖先墓穴風水會影響子孫後世的福禍嗎？

我在德國遊學時也走訪了附近幾個國家，他們的墓園就如同公園一般在社區之中，有的甚至還在住家隔壁，就我們國人來看，一定會覺得不可思議。不過我看那裡的生活品質還是比我們理想，大家過得挺舒適的，就算生活有什麼不順遂，也不會想要把祖先挖起來重種，基本上那裡不存在墓穴風水之說。

於是我想到台灣的墓塚，除了現代規劃的園區不說，有時還會在荒郊野外見到一群群的夜總會；也有些肥水不落外人田的，把墳墓就蓋在自家田裡。到墓園走一趟，除了新墳或雇人整理的墳墓，還有許多的墓碑年久失修，不但上面的字都看不清了，有些甚至還被踩成鋪路的地磚，墳墓也大概早就淹沒在黃土草叢裡。我想如果墓穴風水這麼神奇，那大家早就當墳坑是聚寶盆，從早到晚都有子孫來上香整理，才不會一年一度的清明節才來，還得找個老半天。

---

50 穆罕默德的阿拉伯文發音的第一個音接近中文的「馬」。

其實這些墓穴風水之說，在台灣早年也不風行。民國七十六年解嚴後，風水之說才大大盛行。以前我只要處理收驚、問事，在那之後，風水之說被講得活靈活現的，我不得不滿足大家的期待，也要會一點風水，況且在那經濟起飛的年代，只要肯做，不管哪一行都賺得到錢，風水老師也挺有成就感的，風水之說就是從那時在我們的社會變得理所當然。

倘若墓穴風水能有這麼神奇的力量，那麼現在也不會走到中華民國了！因為有哪個帝王不注意自己的後事呢？許多帝王都傾一國之力去修建墓穴，集結了當時最優秀的風水地理師做最好的安排，然而這些王朝今何在？不修德、不理國，王朝一樣得走入衰敗，帝王找了最好的墓穴和陪葬品，也都關門倒閉，我們一般人就別想太多了，從生活的點點滴滴做起比較實在，自己的福氣由自己來培養。

Q04 懷孕的婦女可以在清明節時去掃墓嗎？能陪朋友去掃墓嗎？

人的靈魂在死後是與肉體分離的，下葬的方式、墓穴風水與子孫是否受庇蔭沒有太大關係，不妨學習西方的態度，把墓園當作是個有綠地的公園，畢竟那是我們的親人，應當親近多過於畏懼。只是造訪墓地還是有該注意的事項。倒不是墓地本身的問題，而是荒郊野外多半是無形眾生的生活處，再加上國人有燒紙錢、供祭品的習俗，墓區自然是它們的聚集處了。

一般人精神好時，就算與無形眾生共處也無妨，不過孕婦是特殊體質、特殊狀況，身體比起一般人更需要照顧，再者掃墓區多是荒煙蔓草，濕滑的山路也容易造成意外。因此基於安全，可以的話最好別去掃墓，將所有的風險降到最低。至於陪朋友掃墓，或是當志工幫陌生人掃墓，都不會有壞處的。

只是墓區還是有些細節必須注意，畢竟那裡有不少無形眾生。有回家父早上起床時喊著身體不舒服，連腰都彎不下去，需要我幫他穿襪子，我一邊幫爸爸穿襪子，一邊問他前一天去掃墓發生什麼事？因為我看到三個小鬼一個抱左腳、一個抱右腳、一個在背部抓著我爸爸的腰，三個小鬼看起來又爬又攀的，難怪我爸這麼難受。原來他去掃墓時一時尿急，隨處在野外小解，就這樣得罪了這三位小鬼。在我向它們道歉，並送往廟裡安置後，我爸就恢復健康了。

所以去掃墓不必太在意身分，倒是務必要注意禮節，不然不小心得罪無形眾生，實在不是件好事。

Q05 祖先靈魂投胎去了，拜祖先豈不是沒意義？

前文有提到祖宗牌位的起源為對祖先的「孝」，那麼沒有拜祖先牌位的人，就是不孝順嗎？反對偶像牌位祭祀的伊斯蘭教與基督教，每日禱告或每週聚集禮拜時，除了感謝主外，也感謝祖先對我們的生育、教養、慈愛等等一切，也為祖先祈禱，願他們在另一個空間一切安好。佛教徒也不立牌位，但時常誦經或行善，以迴向祖先，這些宗教的教義中，也時常教導敬愛父母、感恩祖先，沒有牌位並不代表沒有孝心、沒有感恩。

不論祖先靈魂是否附著在有形的牌位上，我們對他們的思念與感恩，並不會受到任何影響，就像是不同宗教的信仰者信神拜佛，不必追究神是否在面前、佛是否真的有被我拜到，就算祖先靈魂不在眼前，到了遙遠的下一個空間或狀態，只要虔心表達敬意，仍然有其意義。

況且，對祖先的感念就是最好的身教，透過實際的行動將善德美行教育給下一代，祭祖怎麼會沒有意義呢？反倒如果拜祖先是為了求得自己的利益，以為用豐厚的紙錢或菜餚就能代表孝順，本末倒置，我想，下一代也是會看在眼裡的。

3.

民間習俗——

十個為何有此一說、非遵守不可嗎的習俗疑惑

Q01 安太歲、點光明燈等動作真的可以保平安嗎？

安太歲及送太歲的習俗由來[51]為何？

在國人信仰習慣中，認為遊年十二神煞（一太歲、二太陽、三喪門、四太陰、五五鬼、六死符、七歲破、八龍德、九白虎、十福德、十一天狗、十二病符、閏月加上十三飛廉），其中以臨犯太歲最注重，俗語說「太歲當頭座，無喜必有禍」，太歲計算方式是以十二地支再加上生肖，因此每十二年必逢本命年；根據沖犯太歲原則，有本命沖、年支沖、月支沖，一般習慣是以年支正坐與對沖來安奉

太歲，無論正坐或對沖太歲，若再加上凶曜加臨，命運就較不順，較容易發生凶災。

道教為崇拜星斗的宗教，安奉行年太歲的時機，是按每年立春後擇吉日來安奉，於歲末十二月廿四日為送太歲日，並且有一定的儀式來安奉及醮謝，這個習慣早在漢代社會中就普遍流傳，東晉靈寶派葛仙翁（葛洪）就曾提及諸畢太歲將軍的名稱。

北魏道武帝時，就立十二歲神專祀，用以祈求平安。宋代時朝野有祀奉太廟習慣。元代也有祭太歲、月將、日值於太使院。咸宗至元即位時，訂五月祭太歲於司天台。明朝洪武七年，下令仲春秋上旬要擇日祭太歲；崇信道教的明世宗，在嘉靖八年，令以每年孟春及歲暮，特祀太歲、月將之神，並以十一年時間來敕建太歲壇。由此可知，太歲信仰也成為朝廷的祀典。

傳統民俗則認為，犯太歲或沖太歲者均須安奉太歲星君，以求趨吉避凶，保一整年平安無事、福運亨通。可是這真的很奇怪，人們為了配合一甲子，所以出現了六十位值年太歲，每年大家輪流值班，負責將人間大大小小的事情回報天庭，為什麼生肖十二年輪到一次，就一定是得罪太歲爺？我們的福禍不是應該由自己的行為好壞去影響，怎麼我們什麼事情都還沒有做，就得罪神了呢？難道太歲是流氓嗎？才一當班就跟我們收保護費！不會吧？我不願意相信這是真的。

趨吉避凶是人們共同的願望，古代醫藥不發達，古人自然會想辦法求生存，不得罪天神地祇當然是一定要的！每當罹患疾病或不順遂時，人們就會想：「是否我得罪了天地鬼神？」這在醫學發達的今日也可以體會，所以形成了許多儀式，希望能讓天地鬼神開心，於是「安太歲」、「光明燈」也就慢慢流傳下來。基於寧可信其有的心態，反正沒多少成本，安了比較安心，「安太歲」與「點光明燈」成了許多人新春的重點活動，我在看電視劇「李泋」時，除了為殿下掬一把同情的眼淚外，也想為主角們坎坷的命運安個光明燈，看能否幫得上忙，使劇情不要這麼悲慘。至於點光明燈的效果如何，當然還是自在

51 摘自中華民國道教會網站。

人心。

放心吧！歐巴馬的媽媽沒給他點過光明燈，也沒安過太歲，人家不也當上美國總統？安啦！

Q02 祭改、收驚真的有用嗎？

俗話說：「人生不如意事，十之八九。」人生在世要過得開心還真不容易啊！除了看不順眼的事情盡在眼前，又有一堆神經病和討厭鬼，三不五時來惹毛我們，如果要為人生下個標題的話，相信有不少人會選「懷才不遇」來當橫批。小時候我們的志願都是當太空人、科學家或法官、醫師，長大一點終於知道這社會不如家庭溫暖後，志願會稍微修正為律師、老師、某某師；上了大學以後，終於發現這社會不但不如家裡溫暖，還挺無情的，在工作上努力與掙扎後，想辦法在事業與家庭符合社會標準，但這世界上最無情的原來是歲月，等到年過三十五或者四十歲左右，發現自己的付出的結果卻不盡如人意，沒有個解釋的出口，心裡怎麼能過得去！

小時候能搞定功課，就好像前途光明，年紀大一點則要面對工作、愛情、家庭的種種考驗，還有健康與生死議題偶爾出來插花，人生就好像打電動破關一樣，破了一關又一關。社會工作學有個「問題解決學派」，認為人的一生就是一連串解決問題的過程，因此我們時常會視生命中的困難如「關卡」，從小孩子一出世就有所謂的「小兒關煞」，對應著小孩的八字，要避免：百日關、千日關、閻王關、鬼門關、落井關、無情關、白虎關、夜啼關[52]等等等，算算有二、三十種說法，所以當面臨厄事或不順，就會覺得是否遭逢了「關卡」？「祭改」就是改運過關的手段了。

根據路先・列維・布留爾的大著《原始思維》，他談到人會與物彼此產生影響，例如人會為了豐收或安撫被殺死的獵物而發展各種儀式，原始思維的人類會相信透過物品和儀式，能與神祕力量或靈魂聯繫。印地安人會在捕獵前來一段舞蹈，由人扮演並象徵獵物被捕，並由其他人做出獵殺的動作，他們相信如此就能在接下來的獵捕行動中如同儀式一般的順順利利，當獵人擔憂自己死於戰爭時，會在太平日子中扮演戰俘，由同伴給予逮捕、綑綁與行刑，象徵自己「已經死過一次」，這種做法是不是很熟悉呢？

我們也有著類似的儀式，只是比較少自己擔綱演出，自己演很蠢又害羞，所以由紙人為我們代勞。想要避免關卡時，就拿著一些紙錢、小紙人、衣服等，由法師、老師等宗教服務人員進行儀式，讓象徵自己的小紙人代替我們去過車關、水關、火關、百虎關等等，然後穿上祭改過的衣物，再吃個破殼而出的龍眼乾，宛若新生。

在過去，這些重要儀式也有其根據及道理，例如各種不讓新生兒出門的關卡，在那個醫學不發達、新生兒存活率低的時代，是非常有必要的。及至成年，因為人心也盼望能藉由儀式降低各種意外發生的機率，進行儀式也代表著生活上的提醒，既然多注意了，自然能減少意外的發生，從這個面向來看是有用的。

祭改象徵著人類對延續生命與幸福生活的盼望，儀式的進行是心理建設與療癒，從建設性的心態去進行是好的，既然印地安人用舞蹈有效，台灣人用紙

---

52 百日關是從出生起一百天少出門，特別是當天不可出遠門。千日關是出生滿一千天之前不可以到外婆家。閻王關是不可以參加佛事。鬼門關是不可遠行或進入宮廟，晚上也不能出遠門。落井關是有溺水的潛在危險。無情關是命中注定要認乾爹、乾媽以保平安。白虎關是疹病要小心，小孩容易發燒。夜啼關是晚上容易哭鬧。

片人與金紙也有效，現在改用「數位牌位」當然也一定有效，因為在發生作用的是「心」啊！反之只一味注重儀式的盛大、流程、次數，而沒讓儀式產生的信仰力量進入自己的心，祭改一定沒用。

Q03 吃豬腳麵線真的可以去霉運嗎？

「豬」在東方文化中是財富的象徵，就如同許多非洲或草原部族以牛羊牲口為財富一般，我們也能在古代陪葬品看到許多豬的擺飾，加上豬多產的特性，在農業社會人力需求大的情況下，「豬」更是多多益善的吉祥象徵；再者，「蹄」與「題」同音，在萬般皆下品、唯有讀書高的文化下，豬蹄也象徵金榜題名，滷一鍋豬腳也代表「熟蹄」，能在考試中遇到熟悉的題目。綿延不絕的麵線則象徵長長久久，兩者搭在一起自然是絕配。

而台灣又形容一個人倒楣是「衰到踩到豬屎」，豬關在豬舍都還能踩到，那踩到的人不就是非常倒楣嗎？平常會踩到豬屎的自然就是豬腳了，於是乎，吃吃豬腳象徵著把倒楣「踢（蹄）掉」，這與中國文人吃豬蹄求好運，是差不多的意思。

我也發生過萬般不順的經驗，在短短幾天內不是掉東西，就是被人誤會，也有過前天在球場挨球吻、昨天又在球場掉了數位相機，總算今天不去打球，卻發生筆記型電腦當機，總總的不順遂就在幾天內連續發生，殺得我措手不及，可我是個不吃豬肉的穆斯林（回教徒）啊！所以我會請朋友請我一碗「雞腳麵線」，效果是一樣的好！因為在被請客的過程中，有親人與好友滿滿的關愛與憐惜，被愛的人看這個世界就特別可愛，霉運自然就去除嘍！

Q04 在家裡擺放人偶、洋娃娃等人形飾品或擺設，是不是真的有不好的影響？

小時候每逢鬼月將近，同學們就會互相提醒：「你的玩偶有收好嗎？」據說有小朋友在鬼月沒有把玩偶收好，好兄弟就附在裡面，有人半夜睡覺聽到玩偶起來走路的聲音，還有人親眼看過耶！這講得煞有其事的，嚇得我放學回家趕緊把玩偶都收好，就連紙娃娃也都丟光光，免得半夜我的玩偶跑來床頭對我招手！

等到都處理好之後，我又覺得怪怪的，不對啊！看到好兄弟的是我，又不是他們，我怎麼會聽他們的呢？我天天看著好兄弟晃來晃去，還沒有見過哪個能附身在玩偶裡，自己跳傀儡戲給我看的！後來我仔細觀察過，那些好兄弟會躲在傀儡或娃娃的機率其實不高，很難得會見到。更別提能藉由傀儡或娃娃幹出什麼壞事的，有也只存在美國的電影《靈異七殺》當中。

不過，家裡擺放傀儡、娃娃、紙娃娃等人形飾品或擺設，還是不太好，娃娃由於相貌與人相近，在半夜起身、半夢半醒之間忽然瞥見，會大大地嚇一跳，因為自己嚇自己，這些擺飾放在家中確實不理想。

Q05 夜間被拍肩膀不要回頭，與床腳不要正對著鏡子的忌諱，是有根據的嗎？

大家從小一定有聽過這個傳說：晚上被拍肩膀，若是回頭很容易被附身。因為人的身上有三把火，一在頭頂（或有一說是額頭），其他兩個在肩膀上，若像燭火般被拍熄，就如同防護罩削弱，很容易見鬼或被附身。

這種說法可能是受到道家與中醫的影響，兩者認為人有「精」、「氣」、「神」，雖然無形卻深深影響人的性命與健康，其中的「神」又稱作「元神」，是人的善良本性，或說是自身的生命之神，元神渙散時會造成精神恍惚、注意力不集中、視覺模糊、心悸、易夢、恐慌，乃至憂鬱等等，會如此多半是因為意外受到驚嚇、過度緊張恐懼或者中暑、發燒等等。

夜間突然被拍背當然很容易被嚇到，受到驚嚇的徵狀又如同元神渙散，元神受到影響甚至「熄滅」，自然就如同生命受到威脅，陽氣防護罩減弱，與陰間好兄弟拉近了距離。與其說夜間拍肩膀不要回頭，不如說在夜間不可以沒有先打招呼，就從背後拍別人的肩膀與頭，這是十分容易驚嚇到對方的。至於回頭會看到什麼？別擔心，只會看到你那個很沒禮貌的活人朋友。

床腳不要正對著鏡子與家中勿置放人形玩偶類似，那種很大張的照片也不適合擺在臥室，因為剛起床或者半夜起來解手時，人的神志還未清醒，半夢半醒之間又因為微弱的燈光，突然看到人偶、照片或鏡中的自己，很容易受到驚嚇。其實，許多風水擺設都與這些心理自然反應與環境健康有關，通風明亮處總比陰暗潮濕處益於健康，所以這應該談不上是「忌諱」，只是從健康的角度而言，不要這麼做比較好。

Q06 生肖真的會與個性、人生的發展有關嗎？

如果世界上的人只有十二種，那不就太無趣了嗎？除了耳熟能詳的動物賽跑故事外——那很明顯是「童話傳說」。生肖可追溯到春秋時代，古人以甲子編年，並以動物來象徵，這除了是方便好記的編年法外，也有著圖騰崇拜、祖神崇拜的痕跡[53]，這樣的生肖編年也影響到中國附近的國家。

例如越南也幾乎有與中國相同的十二生肖，只是兔改成貓，據說是語誤，也有一說是當時的越南沒有兔子，而泰國與日本也有幾乎相同的十二生肖[54]，至於緬甸的說法很可愛：星期一屬老虎，星期二屬獅子，星期三上午屬大象、而下午屬無牙象，星期四屬老鼠，星期五屬天竺鼠，星期六屬龍，而星期天

[53] 原始民族多會認為自己的祖先為動物轉世，例如中國人自詡為龍的傳人，大禹則會化身為熊。
[54] 泰國的龍、日本的豬，同樣是龍也是豬，但是長相不一樣。
[55] 也有一說是以星球命名，週一屬太陽、週二屬火星，以此類推。

屬妙翅鳥[55]。有趣的是，其他文化當中也有十二生肖，像是埃及牡牛、山羊、猿、驢、蟹、蛇、犬、貓、鱷、紅鶴、獅子，和鷹。墨西哥、印度、巴比倫等也都有各自的十二生肖，除了常見的動物，還會增加當地特有的動物如獅子、猿猴、驢子、金翅鳥與螞蟻等。

說到這裡應該就很清楚了，生肖是一種編年的方法，只是中國把生肖再搭配甲子編年，又對應到五行運轉，以相生相剋的道理發展出命相系統。如果說同一年出生的人的命運都相同，任誰都不會相信吧？

Q07 血有辟邪的作用嗎？

血可以辟邪？這真是天大的誤會啊！就我個人經驗，「血」不但無法辟邪，更是無形眾生、鬼魅魍魎喜愛的美食！各種動物的血都容易吸引低等靈來取用。

利用各種動物的血作為祭祀，在原始巫術中十分常見，及至今日的印度教，也常以雞、鴨、羊等動物的鮮血作為祭祀，過去的印加帝國更以活人獻祭聞名，又因為相信小孩子純潔善良所以容易為神所接受，所以會將小孩養胖後做活人獻祭；中美洲的阿茲特克文明會將活人剖開胸膛，掏出還在跳動的心臟獻給太陽神，屍體再被供品提供者帶回肢解、分食，獻給火神則是將人五花大綁活活燒死，水神與雨神的祭品則是小孩，被盛裝打扮遊街後，再用利刃割喉，噴出來的鮮血就是獻給雨神。

之所以會拿「血」來獻祭，是因為有生命的動物多數都有血液，人們相信生命的力量就在其中，能量能透過血液做傳達，以血獻祭正是最「強而有力」

的手段。此外，在戰爭時有些人會飲敵人的血，代表征服，也代表獲取死者的力量而增強自己，也正因血液象徵著生命，所以有不少宗教如基督教、伊斯蘭教是忌食血液的，有些更保守的教派就連醫療性質的輸血也是禁止的。

然而，何以今日會有「血液辟邪」的說法？就如同穿紅衣會成為厲鬼受電影《鬼新娘》的影響，血能辟邪也是受到電影的影響，一九八五年有部楊慶煌與劉瑞琪主演的電影《打鬼救夫》，劇情說到男女主角皆是孤兒，結婚時算命的說絕不可以在一起，但是還是結婚了，爾後男主角意外受傷，不斷見到黑白無常來索命後就過世了，然而就在辦喪事的時候，村裡的菜姑[56]出現，說她早料到這個劫數，並教導女主角怎樣趁著魂魄在頭七回來時，從黑白無常的手下搶回心愛的丈夫。

這部電影包含了許多台灣民間傳說，除了黑白無常會在人死時索命外，也提到頭七亡者魂魄會返家探親，更少不了要準備豐厚的紙錢賄賂陰差，也提到死者頭七的魂魄會在當晚化身為小動物：如蝴蝶、小鳥、老鼠等等，影片最後則是女主角及時找到丈夫化身的小鳥，並塞入遺體口中，最後男主角便如願地復活，小兩口一家和樂過著幸福的生活。

片中也提到在對付黑白無常時，利用女性沾過經血的內褲，防止它們進入家中，透過特效與演出，好似它們是懼怕經血的，這樣的橋段，如同其他的頭七、化身小動物與賄賂陰差等等，在在強化人們對死後世界的想像，傳說與真實的界線變得模糊，雖然電影的劇本多少有參考民間習俗，但是這些本來是強調戲劇效果的電影，卻反過來強化了這些民間信仰。故有一說認為經血或血液能辟邪。倘若電影為真，有多少亡者嘴裡被塞入小動物後會復活的？敢往阿公的遺體嘴裡塞隻活小鳥，那人不是智障就是活膩了！

血液一直是巫術中對於靈界的交易酬賞，除了上述的血祭之外，這樣的巫術其實至今仍然存在，坊間的「養小鬼」不就多以人血餵養嗎？否則用西瓜汁

56 原融合儒、佛、道三家的信仰，由在家修行者主持各種宗教活動，雖不剃髮但須茹素，因此民眾多稱為「菜姑」、「菜公」，日治時期統稱為「齋教」，在日治時代結束之後，中國佛教迅速傳入台灣，齋教便日漸式微，有些轉型為佛教廟宇，有些則轉為一貫道。

就好了嘛！而會接受這種交易與餵食的靈，也不會高明到哪裡去，多半是嗜血又現實的低等靈，滿足了它們也未必有強大的神力，忤逆了它們卻報復第一快，坊間不也傳說許多養小鬼但反受淒慘報應的例子，這些東西真的碰不得。

Q08 小指戴戒指真的能防小人嗎？

小指戴尾戒防小人是中國命理學的傳統，在不同的手指上有不同的意涵，例如年長者戴在大拇指能延年益壽，中年的要戴在食指以求榮華富貴，結婚的要戴在中指以求婚姻幸福與財富，訂婚的就戴在無名指能夠趨吉避凶，小指就是大家熟知的「防小人」。如果真的有效，那我會建議政府出面呼籲，要大家每個手指都要戴戒指，最好雙手都不要錯過，看這樣能否降低失業率、提升經濟成長率？

戴尾戒的朋友去歐美要注意，因為西方傳統上，修女為了表達對上帝的愛，也會在左手小指戴上尾戒，衍生到獨身者也會如此，所以想要出國談個浪漫的異國戀情者，請不要忘了拔掉尾戒，不然在公園車站等到天荒地老，也不會有人來對妳搭訕。

小指戴戒指的功用是讓大家都知道你想要防小人，這樣做只會讓自己的人緣變差，尾戒擺在手上就像隻刺蝟，你把身旁的人當小人，還期待大家對你真誠相待嗎？戴尾戒最正面的功能當屬提醒自己凡事小心，在出遠門倒可以戴上以時時告誡自己，不然與其花心思提防他人，不如花心思與人為善，如同聖嚴法師所說：「慈悲沒有敵人，智慧不起煩惱。」當我們感覺犯小人時，缺的不是尾戒，而是慈悲與智慧吧！

Q09 吉祥開運物如水晶、八卦鏡、開運竹，真的有效嗎？

我最常使用「開運招數」的地方，就是棒球場，為了擊出安打或避免失誤，或在擔任裁判時避免誤判，我會不准男生碰到我的球具，如果一不小心被碰到了，就趕緊拿礦泉水往上面灑，把不吉祥的「氣」都去除掉。我剛當裁判的頭一年，某場比賽中一壘審發生了誤判，下場後他的第一件事就是指著我的鼻子破口大罵：「我就知道今天場上有查某人，所以我就誤判了。」看他罵得如此理直氣壯、言之鑿鑿的，我就吸取教訓，再也不讓男生碰我的球具，以免發生誤判或失誤。

為了祈求順利，我在進入與離開球場時，也一定會對球場脫帽敬禮，如果一直表現不好、擊不出安打的，撒手鐗就是比賽前那一餐時，把所有的飲料都分一些在同一杯，據說一飲而盡就一定會開運擊出安打；在美國球場也盛行打擊之前往自己的帽子裡面吐口水就能擊出安打，有些選手還會多吐幾口，據說也頗有用，其餘像是連勝時不更換內褲和襪子，中外的球員至今仍採用。當然大部分的人還是選擇比較衛生的方法：幸運衣、開運筆、水晶或八卦鏡等等吉祥開運物品，功效如何就看個人了。

一般的開運物，若自己覺得有效那便有用，這心理作用就如同相信佛經、聖經會驅魔辟邪，實際作用的其實是人心，透過信仰的力量將之昇華實現。不過使用水晶或八卦鏡等，就需要多一些考量，畢竟這類物品與生活什物相較，會有更多聚集能量的效果，倘若這些物品放在「氣是好的地方」，便有增加好能量的功用，但是世界上沒有「永遠都好」的地方。

風水之說就是根據於風生水起的各種說法，而風水的流動，仍肇因於地球的自轉，此之外，還得考量其他星球的互動，這些複雜的能量場一直在變動，我們只能大約地說：「整體來說，這一年內該位置的能量比其他位置好。」繼續深究下去，還會分是這一季比較好、這一個月比較好、這一天比較好等等，如果一直這麼探究下去，我看就連現在手該怎麼擺都無法決定了！

我相信「福地福人居」，只要多修德行善，自然就會選到好風水，反之，惡人別想靠這些術數貪得便宜。如果開運、風水這麼有神效，那世界強權就不是美國，如果你要嘴硬地說因為美國的地理風水在這個世紀最好，那我只能請你認命自己不是美國人。開運吉祥物到底有沒有效？自己看了順眼開心，讓它變成自己的正面能量就有效！

Q10 端午節中午十二點曬太陽可以驅邪嗎？

端午節在節氣上又稱為「芒種」，預告了這一天就要開始進入夏季，此時稻子會結實成稻穗，而吐穗結實的稻子穀粒上會長出細芒，故而稱之。

民間相信人屬陽、鬼屬陰，正氣屬陽、邪氣屬陰等陰陽分類法，所以會認為這樣的大熱天，氣場應當是屬「正陽」，在這個最炎熱的正午，正陽對付陰氣應該最有效！因此民間流傳這時最適合做些驅邪的法事。

不過，如果屈原能搭時光機到現代的話，他應該會驚嚇地死第二次。在醫學不發達又沒有冷氣的古代，高溫代表傳染病的盛行，許多蚊蟲蒼蠅繁衍迅速，病菌、瘟疫也同樣愈發囂張，所以古時的五月五日端午節，是大家避之唯恐不及的「惡日惡月」。許多流傳至今的習俗，都是為了「辟邪」，例如：門口插菖蒲、喝雄黃酒、登高遊玩等等。這一天充滿著「邪氣」，除了各種驅邪活動外，東漢王充《論衡》與應劭《風俗通》，還記載著當時民眾相信五月五日出生的孩子會危害父母，兒子會剋父、女兒會剋母。

歷史上著名的「孟嘗君」就是在這一天出生，所以他的老爸不要他，由妾偷養長到五歲才去見父親，他老爸田嬰超級生氣的，孟嘗君就問：「你為什麼不要我？」田嬰說：「大家都說五月五日大凶日出生的小孩不吉利，如果這小孩長得跟門一樣高時，就會剋父剋母。」結果五歲的孟嘗君吐槽他老爸說：「人生下來就是受命於天，不是受命於門，你如果這樣擔心，等我長高的時候，你把門再加高不就得了？」這麼一說想必讓田嬰驚為天人，所以他雖然有四十多名兒子，最後卻讓這位庶出的孟嘗君繼承爵位。

天氣熱到底是「大陽」還是「大邪」呢？從不同的角度去看都對，雖然今日的衛生條件比過去好太多，不過天氣熱還是要注意防止疾病叢生。養正氣有很多種方法，雖然太陽屬陽，但也非萬能，不然東南亞天氣這麼熱，鬼故事和巫術怎麼還是這麼多？沒試過大熱天被曬到中了「暑氣」導致身體不適嗎？我從來沒聽說曬太陽可以驅邪，不過我卻很確定端午節中午十二點曬太陽一定會中暑，而中暑的症狀倒是和卡陰差不多。

驅邪養氣的方式有很多，正所謂「天地有正氣，雜然賦流形，下則為河嶽，上則為日星」[57]，正氣無所不在，因為心正則人正，別迷戀端午節的太陽，中暑很傷身體的！

[57] 出自文天祥的《正氣歌》。

4.

鬼神——

十個到底是敬神畏鬼還是裝神弄鬼的疑問

Q01 哪裡的鬼最多？博物館裡真的有很多鬼嗎？

根據個人經驗，鬼的存在如同世上有人一樣的自然，聚集比較多鬼的條件要看時間與地點。時間點為每日的清晨與黃昏，在日夜交替之時，正是無形眾生最為活躍的時候。此外，還有大家俗稱的鬼月，這個月份到處擺有流水席，會吸引它們往我們生活的空間聚集，鬼的數量不會增多，只是比較活躍。當然，布施的法會、建醮、各種宗教活動，也會吸引它們，我們需要信仰、想要修行，它們也是一樣的。

地點則有很多，例如神壇宮廟、大自然的山中、海邊、大樹下都會有，建築物的部分就是陰暗潮濕處。神壇宮廟會吸引它們聚集的原因，是那裡時常有東西吃，特別是燃燒的紙錢和享之不盡的供品，不過大家也別太擔心會有什麼事情，因為靈界有自己的秩序，對內有主神鎮攝，對外有靈團隊的團結合作，每個地盤都有自己的團隊與勢力，大家井水不犯河水地各自生活，就像是過去還沒有國家制度的部落社會。

至於大自然裡會有，更是理所當然，那是它們原本生活的環境，它們不住在那裡，不然是要搬到我們家隔壁嗎？至於為何建築物中陰暗潮濕處有它們聚集？那是因為人都喜歡住在明亮通風處，它們只好被排擠到陰暗潮濕處，有些人覺得博物館有很多鬼，大概是裡面光線昏暗、氣溫較低以及擺放古物的關係吧？可是我卻不常在那裡見到，那裡又沒有吃的，是要怎麼生活？況且鬼的習性不會跟人差太多，如果可以選擇，我想它們也愛住在有陽光灑落的大空間吧？只是這世界被我們人類佔了，所以沒得選。

至於關於陽宅趕鬼這件事，我必須坦承自己不是很稱職，以前幫人看房子就發生過某個房裡住了一家無形眾生，屋主自然想請託我趕走它們，可是一問之下我卻左右為難，原來無形眾生才是先住進來的啊，怎麼可以乞丐趕廟公、喧賓奪主呢？地契是人定的、法律是人定的，所以民法與刑法都保護人類，但不代表我們就是正義的一方。有時事情並不是那麼理所當然，反而是我們占了它們的便宜呢！

Q02 鬼會羨慕人類嗎？會愛上人類嗎？真的有吸血鬼嗎？

鬼會羨慕人類嗎？對此我是存疑的，因為它們大部分未必有能力去羨慕。世上當然有許多有修為與能力高的無形眾生，不過就像人的菁英一樣，只是少數，這個社會大部分是平凡人，無形的靈界也是。它們的能力不高，只知道滿足自身的慾望，說是為了求生存也不為過，只能虛無縹緲地生活。第一單元有提到鬼就像失智症或老年癡呆的患者，每次看到它們就這樣枯坐在某處，真納悶它們到底在做什麼？

在我們的社會，身邊多少也有父母親戚、親朋好友，一出生就有人餵養和照顧，還讓我們受教育直到成人獨立，出了社會還有法律的保障與社會福利的支持，就算活得不富裕，好歹也能過得去。反觀它們，茫茫渺渺地晃來晃去，只能靠自己想辦法生存，被大鬼欺負了也只能淚水往肚裡吞，基本薪資與勞健保則是聽都沒聽過！當心靈苦悶空虛時，也不能上教堂或念佛經，如果稍有能力的它們真的有能力羨慕，又怎麼會不羨慕我們呢？

我覺得鬼的許多習性與人相仿，七情六慾也很類似，常聽聞或接觸到人與鬼之間訂有盟約，但出發點是否為「愛」，我很懷疑。許多通靈人，特別是女性通靈人，不論是在台灣、日本或世界各地，都會一輩子獨身，這是以巫術為基礎的特徵，通靈人為了與自己的神靈完全的互信，以達到最高度的密合，對其承諾終身守身是普遍的手段，這是奉獻，也可以說是控制，至於是否為「無條件的愛」，就看各自的情況與層次了。

世界各國都有類似「吸血鬼」的傳說，我們東方也有「吸血殭屍」啊！兩者的吸血特徵都跟人類認為「血」具有特殊能量有關，前文有提過，就不在此贅述。東西方都有同樣的吸血怪物，我想是因著共同的願望：「不想死」（不想真的死得無影無蹤）。據說吸血鬼的起源之一，就是人與魔鬼做了約定，讓自己青春永駐，不會死又有神奇的能力，但代價就是要成為吸血鬼。在十八世紀之前並沒有「吸血鬼」這個詞，西方開始有這種名詞是在黑死病爆發的時候，當時人們對於人死後還會生長頭髮與指甲的現象非常懼怕，不知道那是因為肉體還持續提供養分的關係，於是在疾病與恐懼的交互影響下，吸血鬼一說漸漸盛行，之後再加上電影的推波助瀾，吸血鬼便煞介其事地成為活靈活現的生物。

相信有吸血鬼就像相信有殭屍吧？不過我倒覺得那是個相當精彩的故事。

Q03 鬼需要睡覺嗎？

鬼不只是需要睡覺，而是常常都在睡覺。大家以為我看到的世界一定很擁擠，雖然是很擁擠，倒也算清靜，因為大部分的鬼都是在原地晃來晃去，更多是待在原地不動，我就當作是屍橫遍野，或者是街道沒打掃乾淨，照樣日出而作、日落而息，不會刻意搖醒路邊的它們。我叫醒它們幹麼？你難道會刻意去搖醒遊民伯伯嗎？

至於怎麼睡覺就是一種學問了，畢竟大馬路不會擺床鋪，所以它們會攀附在「物體」上，有點像是靠著。各種材質都不拘，木頭、金屬、紙板、瓷器或壓克力等等，有些還會趴在機車座墊上，這時我就不得不打擾它們了，不然等它們睡飽，都不知道是民國幾年了？所以我會直接去牽車，讓它自動滑落在原地，切記不要說對不起，這樣它就知道自己被看到，它們是多麼渴望被看見啊！所以最好是視而不見，反正它們會自己再爬去另一台機車睡。

不過對於靈界的事情我並非無所不知，有回從花蓮開車回台北，就發生讓自己想不通的事情。那晚九點半我從連日下雨的蘇花高返回台北，才開沒多久便見到路邊有如購物籃大小的落石，提醒我開車得更加注意，一路上都沒有路燈，我只能專心地往前開，就算真的好像要撞上好兄弟，它們也會因氣流而彈開。不過轉彎總免不了要放低速度，這時候總會有幾個好兄弟攀上後車廂搭一段便車。

一般來說，它們應該是沒有重量的，給人家搭個便車無妨，可是開過手排車的一定都知道打的檔速與動力的感覺，例如起步與速度慢時要用低速檔，但是在平地有一定速度時就能換上高速檔。當後面有幾個搭便車的，我照例當作沒看到繼續開，只是車子開到下坡時照理說車速應該會變快，可是當我從下坡開到平地時，卻覺得車子變重到打三檔都沒什麼速度，只好打回二檔再慢慢加速，當然我也不忘回頭看看是哪些搗蛋鬼這麼沒愛心？不知道現在油價很貴嗎？搭個便車就算了還找麻煩？

我試著觀察這個世界，不過還是有些難解的現象，原則上我還是秉持著平常心，反正不影響日常生活，與它們同處一世界亦無妨。

Q04 鬼會死亡嗎？

蒲松齡的《聊齋誌異・卷五・章阿端》中有寫道：「人死為鬼，鬼死為聻（ㄐㄧㄢˋ）。鬼之畏聻，猶人之畏鬼也。」這本來是小說中的一則對話，不過後來道教也吸納這樣的概念，認為既然鬼怕聻，就把這個字寫在門上以辟邪退鬼。人死了之後是鬼，鬼死了之後是聻，聻死了之後就魂飛魄散了！

就佛教的六道輪迴來說，人死之後有六個去處：「天、人、阿修羅、畜生、惡鬼和地獄。」所有眾生都在這六道輪迴中不停輪轉，只有跳脫輪迴，寂靜涅槃才是解脫，所以人死後不一定為鬼，而鬼死後就應該是進入另一段輪迴。伊斯蘭教則說精靈死後會化作一攤黑血，不論是人或精靈，死後都一樣要接受 真主最終的審判。

而我只是比一般人多些看見無形眾生的機率，關於人死後要到哪裡去，只能盡量觀察與推測。這種生命課題，還是應當交給各個宗教信仰去解答，只從視覺觀察或耳聽口傳，甚至是小說的片段，實在很難拼湊全貌。再者，鬼是否會死掉？死掉後又會如何？既然不會影響我們的生活，就當作茶餘飯後的消遣就好，我們能掌握的到底還是今生此世而已。

Q05 鬼有年齡大小之分嗎？可以「活」千年以上嗎？

當然還是有分嘍！畢竟「出生日期」不一樣嘛！不過，可能是因為它們「無形」的特性，所以每個都保養得宜，看不出來實際年齡，有些看起來像是十八歲的姑娘，或許早過了人間的六十歲嘍！好在我從沒想向它們搭訕，所以年齡不會是差距。而且我也不覺得年齡在它們之間會是差距，大家比的還是「能量」，能量大的就是領袖，能量低的就是跟班，才不管誰是學長前輩、誰是學弟後輩。

由於很難從外觀分辨，我也不能確定每個鬼的年紀，這多半是它們自己說的，宮廟神壇的每次報上名號少說是五百、一千的，可是我總是心存懷疑——反正又不能驗身分證或健保卡，隨它要怎麼開都行！只是相較於人類，它們的生命的確比人類長得多，要活個幾十、幾百應該不是難事，但重點還是有沒有出息吧！就個人經驗上來看，活過千年的應該是有，但那是人家的事情，畢竟要活得長，還不如活得有尊嚴、有品質。

Q06 鬼和神明有什麼不同？真的有門神、胎神嗎？大廟的正神，真的穿著古裝嗎？

鬼與神明的不同是看人下的定義，其實這都是人創造出來的名詞，隨著不同的解讀，就會有不一樣的看法。就字面上而言，神明當然比鬼更高級與強大一點，不過觀點不同，落差也很大，泛神教的看法比較像貴族與平民，兩者是同類，但有身分上的差異，再依據修為與神性的高低做分別，但是一神教就完全不同，認為鬼是由神創造的，兩者是天差地遠。所以要分辨鬼神的不同，必須要看立基點是什麼？

不過這些理論大家大概不感興趣，大家比較想知道自己拜的到底是不是神明？雖然我強烈建議不要與鬼打交道，但是不代表可以不尊重它們，只是覺得基於眾生平等，我不認為需要特別懼怕或過度尊敬，就以平常對待人的態度以禮相待便是，對於年長我們許多、又有德行的靈，自然要給予崇敬，如同我們尊敬有學問與修養的長輩。

不過，要如何分辨誰有德行呢？誰是好神？誰是壞鬼呢？我們連看得見的人都很難分辨好壞了，又怎能知道無形眾生的好壞？還是必須靠長時間的相處，當您所拜的神有「順我者昌、逆我者亡」的特徵出現時，我強烈建議您要三思，只有沒修養的人與靈才會如此。我們常見一些不肖的宮廟神壇裡，沒有利益衝突時，大家好來好去的，但是不順從神明或老師時，這時候你就慘了，不是把你說成佛考、魔考、鬼附身，就說是在劫難逃，要留下來只能選擇認錯，不然就是成為眾矢之的，大家用各種方式幫你「幡然悔改、回頭是岸」。如果你參加一個宗教團體，會把離開者塑造成背叛者、是魔是鬼時，最好得當心，難保你不是下一個。

萬物有靈是人類共同的「原始思維」，不只物品可以有神，各種自然現象與情緒、欲望都能有神，所以除了門神、胎神外，還有太陽神、月亮神、山神、水神、風神與打雷神，還有抽象的快樂神、姻緣神、財神等等，如果非洲財神被調到中東任職一定會很困擾，因為祂提供的豬財富都沒人領情！古人會認為萬事萬物有神，乃因在那個生存不易、科學不發達的時代，有太多的不確定與未知數，迫使他們只好透過相信神明、取悅神明，才能為自己的生存作努力。今日人類的欲望沒有減少，對神明的依賴與盼望自然也不會消失。

那個萬事萬物有神的思維也不完全是壞事，禁忌讓人類少幹點蠢事，像是懼怕得罪胎神的各種禁忌，都有助於孕婦在懷孕與生產期間，做好充足的養生與預防措施，例如：不宜搬動、提重物、出遠門，還有養小孩的「小兒二十四關」等等，讓剛出生的幼兒免於感染疾病、提高存活率，以神明的稱號形成禁忌其實有其文化背景，至少就現實面上，還是多少有效果。

至於大廟的神的確是穿古裝比較多，畢竟神像就是那樣刻，沒必要花時間力氣去標新立異，而且若不穿成那個樣子，哪認得出來誰是誰啊？練空手道時要穿空手道服，打棒球時要穿棒球裝，若穿個丁字褲坐在廟堂之上，像話嗎？就算人看不到，無形界就不會恥笑它嗎？一般來說，無形界不會在衣著上搞亂，畢竟得靠外表標示身分，大家沒有在印名片的，穿特定的古裝就能讓大家知道，自己是哪號人物了。

Q07 當我們在說鬼故事（尤其在雨天和晚上）、讀恐怖小說或看靈異電影時，會比較容易引來它們嗎？

雖然我一直希望透過分享自己的經驗，讓大家對於無形眾生抱持平常心，不要有過多無謂的懼怕或期待，但其實這些行為都會吸引它們接近我們。因為我們與它們的溝通是靠「意念」，當你一直在想它們，它們當然就會靠過來，就像是有人在講你的事情，你不會想靠過去聽嗎？

我總是在深夜獨自在房間寫作，忙完一天後，把自己的心得作點記錄，寫到主題是鬼故事時，三不五時就會有阿飄湊過來，雖然說沒有形體，但那種擠過來的感覺還是不太好受，就算我跟它們說：「走開啦！又不是在寫你。」它們還是一副：「我就是鄉民來湊熱鬧的啊！」有時候我甚至會因此寫不下去，它們擋在我面前的感覺，就好像用女鬼的照片當電腦桌面。

靈界的世界偶爾探索一下就好，如果過份投入有時還是會有風險的。大家應該聽過不少著迷於此道者，爾後精神狀況出了問題，雖然那是比較極端的個案，但還是有的。再者，探索鬼世界未必就能增長大智慧，還有很多更有趣的興趣與休閒娛樂，也有不少可以學習的事物，不需要挑危險性太高的吧。

Q08 如何避免無意中冒犯到好兄弟？

請比照「如何避免無意中冒犯到人」。作人要周到也不至於要作到這樣吧！更何況有時候本來就不是故意的，就像是將刀丟在地上，有人要拿起來往自己身上插，難道要怪丟刀子的人嗎？說者無意、聽者有心，難道我們要統統閉嘴不要講話嗎？只要我們不與好兄弟打交道，就不會有冒犯的問題。

擔心自己在無意中冒犯到鬼，就如同擔心要如何超度全天下的鬼一般，都是庸人自擾，我能體會人們想要發善心做公益，不過我們眼前就有這麼多人在受苦，為什麼就偏偏要針對無形眾生下手？如果覺得布施有功德，對人布施那更是無量功德。此外，也不是只有有錢人才能布施，布施有財布施、法布施、無畏施，除了錢財物品，也能分享自己的信仰，或者給人溫暖，不需要去做自己能力所不及或造成負擔的，推己及人才能讓自己的愛心更長久。

我們好好地生活在自己的世界，在不主動與好兄弟打交道的前提下，好兄弟自己跑來被我們冒犯，反倒是它的錯，因為它壓根不該干預我們的世界，我們沒向它求償都算慈悲了，根本無須擔憂。想要如何避免無意間冒犯好兄弟？就是跟對待人一樣，同樣的作為、相同的心態即可。

Q09 外出住飯店時，上床後鞋子真的要頭朝外嗎？

鞋子頭朝外擺比較好，這樣晚上起來上廁所的時候，才不用穿鞋子找個老半天，房間看起來也比較整齊。坊間還有一說是鞋子不能併排整齊擺著，一定要一正一反，免得鬼會順著鞋子踏上來。這種說法實在是「太天了」，鬼的外號不是叫「阿飄」嗎？既然是用飄的，幹麼要踩你的鞋子？又不是要玩新鞋踩三下！

筆者由於擔任棒球比賽的翻譯和裁判，每年總有一兩個月是在外國或外地的飯店度過，每回我都是滿心歡喜地入住，感謝中華棒協給我的機會與照顧，才能讓我體驗人生中最快樂的事情：不必工作，整天打棒球、還住飯店。比起一般人有更多住飯店經驗的我，並沒有在飯店看到比較多的好兄弟，飯店反而比我的辦公室還要清靜！所以我從來沒想過鞋子要怎麼擺。

不過筆者倒是在泰國曾與女鬼同床共眠一晚——還好泰國的房間夠大，不必與它「共枕」。我在飯店房間習慣把鞋子擺在玄關，赤腳跑來跳去，直到睡前再去盥洗一次，當我邀請女鬼同睡時，它是直接上床躺下來，沒看到它跑去玄關再跳到我的床上。

所以鞋子要怎麼擺都無妨，自己方便、整齊、有禮貌就好。

Q10 真的有筆仙、碟仙嗎？它們真的可以預知未來嗎？

在我的年代已經不興盛碟仙了，那是我父母、兄姐在民國五、六十年代流行的，其來由有兩種說法[58]：其一是有個道行高深但心很歹毒的老和尚，他施法將孤魂野鬼囚禁在碟子裡，然後四處去推廣，誘使無知民眾接觸，透過玩碟仙的過程，吸收參與者的精氣神，以增強老和尚的法力。另一種說法是日本稻荷神社的傳說，認為招來的是狐仙。

當時玩碟仙是從小孩風靡到大人，當然也傳出了許多恐怖的傳說，例如請不回去而導致參與者紛紛慘死或變成瘋子。這股令人不安的風氣蔓延整個社會，大家人心惶惶，誰會知道這些碟仙會說出什麼破壞社會秩序的話？中國歷史中常見用鬼神之說來顛覆國家，因此在戒嚴的年代為著眼於社會安定，政府一聲令下便禁止碟仙相關用品的製造、販賣、銷售與使用，碟仙馬上就銷聲匿

---

[58] 碟仙的年代，我還沒有出生，本文歷史部分是參考張開基（醉公子）老師關於碟仙的文章。

跡了。查禁之後，還是有人會使用筆、錢等以類似原理進行，買不到專用紙的人就自己寫一張，以依憑的物品來稱作「筆仙」、「錢仙」。這種事情不需要問我，大部分的人也知道那不可能是「仙」吧？召喚來的一定是附近的好兄弟。這種遊戲其實在國外也非常盛行，還有專門的通靈用品，西洋人的簡單多了，紙上只要寫著二十六個英文字母和十個數字，哪像我們還有密密麻麻的文字，看來要當中國碟仙，視力也要好哇！

以科學觀之，只要碟子移動，一定是有人去動到，雖然接觸到的三、四個人都會言之鑿鑿地說沒有，但那應該是很多人同時碰觸碟子，在紙或動力上的滑動所牽引，當然更多時候是有個唯恐天下不亂的人在搞鬼，實在不必太意外。我唯一與碟仙有關的經驗，是姊夫與同學們玩後散場時，他說碟仙厲害到能知道鉛筆盒裡有多少枝筆，當時還在念小學的我，就順手去開了鉛筆盒並且告訴他：「這種事情打開來看不就知道了，問碟仙幹麼？」

那如果拿重要一點的問題來問呢？例如樂透明牌？或者預知未來？想也知道沒用，倘若有用的話，現在就會有「碟仙教」了！

5.

宗教信仰——

五個關於宗教儀式或禁忌的背後意義

Q01 冤親債主該如何化解？

無形眾生與我們的生活有某種程度的重疊與互動，而人類是這世界的主要經營者，所以是靈界追著我們的流行在跑，兩界若有互通便互有影響，我們揣摩靈界的世界，它們大概也在揣測我們，只是這個立基點很不公平：我們多數看不到它們，但它們卻看得到我們。這就像是敵暗我明，非常不利，稍有不慎就會被它們利用，而人們也不太反覆檢驗燒金紙、祭鬼神的效果到底如何？只依自己想像的方法進行，若是聽說點文昌燈讓隔壁原本成績總是墊底的大牛突然名列前茅，大家就趕緊跟進！聽說點光明燈讓對面的便當店生意起死回生，過年時這兩百元自然要去花的！樂透都在買了，哪差這幾百元，點了光明燈當然也順便幫家人安太歲，就算自己不去安，這年頭買保單還會附贈，盛情難卻啊！

受到印度教和佛教的影響，國人普遍有「業」的概念，也就是若人行好即得好業，反之則為惡業，「業」則會影響人的禍福，所以有些人福報大，一路順遂，有些人則業障重，必須承擔痛苦；其實這樣的觀念挺好的，人們會知福、惜福再造福，面對眼前的困難也會提起勇氣承擔，想方設法消磨自己曾造的惡業，讓苦痛在這一世終結。只是這世界上的看法還是百百種，例如用此理論奚落有困難的人，認為對方遭受苦難是「罪有應得」，所以對那些遭逢天災、身患疾病者，少了點感同身受，卻多了點幸災樂禍。

有了「業」的概念，自然會想要趨吉避凶，「製造好業、消弭惡業」。而惡業的產生簡單來說，就是過去有做不對的地方，傷了人、欠了債，今生今世有人來「討債」，因此我們要「還債」也是天經地義的，這些討債還債的對象，一般稱作「冤親債主」。國人相信這些冤親債主的討債行動，會造成此生的不順遂，我們為求順利，理所當然要「還債」、排除一切不利因素。加上這個社會大家早已習慣一切可轉換為「金錢」來衡量，所以金錢可以買功德，當然也能還債，想當然耳，這些冤親債主也能以「燒紙錢」、「設牌位」打發。

這個說法提供坊間宮廟神壇絕妙的說法與藉口，一個人如果沒做錯事、老老實實過日子就「卡陰」、被鬼跟，多少還是有點難以說服人，倘若是前輩子的「冤親債主」就合理了。反正你是自找的，而且也沒人知道你到底欠了多少債，足以拿來作為未來所有困難的解釋。遇到困難，如何消滅冤親債主便是當務之急了！至於自己此時此刻又結了多少冤親債主，反倒沒這麼重要，也對，總不能燒紙錢給自己叛逆的兒子，和看不順眼的同事吧？

過去在宮廟辦事的時候，我也遇過纏身的靈自稱是那人的冤親債主，因此十分理直氣壯，要當事人負責也說得臉不紅、氣不喘。我問它：「你說說那人是怎麼得罪你了？什麼時間？什麼地點？」有些便說：「在某一世他是將軍，殺人無數，所以這輩子我們來討。」有道理，不過我還是覺得怪怪的，因為上星期也有一批是這樣說，怎麼將軍這麼多？還是全世界的將軍都投胎來台灣了？我繼續問個究竟：「請問您有被害證明書嗎？或者是死亡證明也好……」拿不出來就別再多說什麼了，給我滾！

真不懂為何冤親債主要在這世找我們麻煩，何以之前不報？又或許我們根本不欠它們，反倒這時找我們麻煩，我們未來就變成它們的冤親債主！我們這樣相信業報，這些鬼鬼神神也會這樣相信，你覺得自己有冤親債主，它也樂得理所當然照單全收，靈界目前對於這種冒名頂替的行為，尚未有明文限制與罰則，自然也無法遏阻這類事件發生。

人們作好有賞、作壞要罰，這是我深信的信仰，而我也認為無形界也是在同個規則下生活，所以它們這些欺騙的壞行為也是罪惡，也會有報應的，因此我總對擾亂人間的好兄弟們說：「作壞是會有報應的，自己想清楚啊！」大家都會犯錯欠債，能掌握的就是現在，若有冤親債主，請從現在開始知福、惜福、再造福，再讓一切的惡在我們手上停止，必有幸福的未來。

Q02 普渡法會是在普渡誰？

從我會開口講話開始，我就時常向家人反映：家中好像常有陌生人來拜訪，古人或是現代人都有。剛開始家人懷疑是小孩胡思亂想，不過當過世的親友總會往我家跑、找我交代後事時，爸媽才知道事情大條了，於是急著帶我到處去收驚，後來覺得我就算能和好兄弟們溝通，仍然能吃能睡能玩，所以只要親戚朋友不出人命，我的生活便與一般孩子無異。

這個總是帶給家人困擾的孩子，在每年農曆七月時，總算有用處了。家母就像許多台灣家庭一樣，依照習俗在中元節前後選一天於自家門口普渡拜拜，我的重責大任就是坐鎮在家門口，擔任好兄弟們的交通警察，忙著招呼它們用餐也管制它們進出，等到普渡拜拜儀式一結束，還拿著綁紅繩的掃把，把家中裡裡外外的好兄弟掃地出門，確認一個也不留！

好兄弟們的樣子和一般人差不多，在我看來，像是人映在玻璃上，有輪廓，五官也有色彩，有衣著亮麗時髦的，也有像剛從墳坑裡爬出來的，有時看到支離破碎或流血的也會害怕，久了之後才發現那只是用來嚇人的造型，其實也沒有兇惡到哪裡去。平時好兄弟們會在街上晃來晃去找東西吃，農曆七月則是嘉年華，處處都有流水席免費放送，自然它們樂得飽餐很多頓。

不過就算那個月有吃喝不完的食物，但是好兄弟們的用餐禮儀還是很需要改進，不論怎麼勸導，都還是狼吞虎嚥——總是把臉埋進去供品裡。媽媽說普渡一開始的「經衣」是燒給它們換新衣服的，所以不可以摺到，否則好兄弟穿的衣服就會皺皺的，可是在我看來，經衣一在盆裡燒化，大家還是衝進盆裡大吸特吸燃燒的煙霧和灰燼，根本就沒在換衣服嘛！

普渡的三牲蔬果，甚至沒煮熟的白米，它們也會直接食用，但是我愛吃的餅乾零食就沒轍了，所以我會請媽媽把香插進包裝袋裡，這樣好兄弟們就能順著香一路享用美味，否則看得到、吃不到，真的很難受耶！至於罐頭或飲料，沒有開封的話，好兄弟們就真的吃不到，對它們滿不好意思的。

我沒見過偏食的好兄弟，它們胃口都很好，來者不拒，不過如果真的做市場調查，絕大部分首選應該都是「紙錢」，不論是什麼圖案或顏色的金銀紙，它們都很喜歡，而且聽說環保紙錢質地細緻，燒出來的灰燼也特別可口。每次到燒紙錢的時候就是普渡儀式的高潮，為了搶到最好的位置爭食，好兄弟們也會組織互助團體：一群群的小團體合作占地盤，我們包了這家、你們去吃隔壁那戶。

我不喜歡吃拜過的東西，總覺得好像跟它們「你一口、我一口」。而且吃起來彷彿會少點滋味，應該是先被嚐過的關係吧？於是過度豐盛的普渡供品下場都變成廚餘，既浪費又不環保，普渡雖然是對好兄弟有愛心的舉動，不過家運好壞、家人是否平安，實在跟這些過路好兄弟沒啥關係，擔任保全的我又得精疲力盡一下午，於是便勸說家人：「它們不在我們家吃，也可以在別家吃，就算農曆七月沒得吃，平時它們也會想辦法溫飽，實在無須如此大張旗鼓。」家裡取消普渡的那一年，家母還丟下一句話：「今年不拜，有事情叫它們去找妳喔！」當然，哪次好兄弟的事情不是落在我頭上？家裡不拜拜算算也五年了，感謝神，上上下下都平平安安的。普渡法會是在拜什麼？就我經驗看來，是糅合佛教與道教的慈悲懺悔儀式，凡事過猶不及，心意有到就好。

Q03 拜拜主要的意涵是什麼？

窮算命、富燒香，就算沒有虔誠的信仰，秉持著「寧可信其有、不可信其無」的心態，順要拜，不順更要拜，「拜拜」可說是我們的全民運動，不過，我們真的知道自己在拜什麼嗎？還是純粹地拿香跟著拜就不會有錯？

拜拜的行為可以說是人類共同的特徵，大家總不會只是拜心酸的吧？不論是發展為完整的世界宗教、制度性宗教，如基督教、天主教、伊斯蘭教與佛教等等，至今也沒有完全脫離「原始宗教」的特徵，畢竟尋求幸福、避免禍害和獲得救贖，總是全人類普遍的願望。最早的宗教形態有「圖騰崇拜」、「祖神崇拜」和「自然崇拜」。

「圖騰崇拜」普遍存在於原始民族中，例如台灣原住民中的魯凱族崇拜百步蛇，澳洲與美洲的原住民，也會崇拜特有的動物或植物，甚至中國的十二生肖也是圖騰崇拜的遺跡，這與原始民族相信自己的祖先是源於這些動物有關，例如治水的「大禹」，就是熊的轉世。簡單地說就是「祖神崇拜」，把自己的祖先當神，例如中國人會自認為黃帝的後代、炎黃子孫等等，其實看看考古的遺跡與中國地圖，這在「事實」上是無法成立的，不過既然大家都這樣相信，也就成了另一種事實。

另外，自然崇拜到今日仍到處可見，除了天地水火、星星太陽月亮之外，自然現象如打雷下雨吹風都有神，一草一木乃至石頭也都可以是神，而且還可以彼此轉換，例如以「星辰信仰」為主的道教，太陽是太陽星君、月亮是太陰星君，管生的是南斗星、管死的是北斗星、管功名的是文昌星，而且這些自然現象的神還可能以擬人的形象顯現，也就是各種「星君」，這現象在印度教、拜火教或西方神話中也都很常見。

趨吉避凶是很正常的，特別是在有形世界已經努力卻徒勞無功時，自然會往無形界去尋求解答或幫助，希望能透過各種算命占卜（八字、星座、紫微斗數、卜卦、塔羅等）找出困境的原因與解決的方法，未來如何能讓心底有個預期，也為現在的苦難找個合理的解釋。而拜拜是對生命的一種期盼與努力，只是人有時候會鑽牛角尖，特別是在狀況不好時，或者知識不足時，犯了本末倒置、目標錯置的錯誤。

例如：考試本來就該靠努力，卻沒有花時間用功，只知道要去參拜文昌帝君，就以為能金榜題名，又例如事業成功需要靠經營，卻把公司放著，成天到處找五路財神廟來拜，花大把銀子在法會、金紙上面。面對未來的不確定性，大部分人都會焦慮不安，我也是一樣，時常用禱告來安撫自己的不安、尋求心靈寄託，就整體來說是好事，但是只求無形界卻荒廢了現實生活，要說注定會失敗也不為過。

俗諺說：「也要神，也要人」，拜拜能撫慰心理，不過別忘了最重要的「謀事在人，成事在天」，自己能把握也該努力的部分，萬萬不可偏廢。

Q04 女性生理期時，真的不能到廟裡拜拜嗎？

講到這生理期我就有一堆抱怨，生為女生真的不是普通的辛苦，每個月都要來這麼一遭，除了免不了那一兩天要長青春痘、腰痠背痛外，還會有莫名的一股氣在心頭，更別提出入生活有多麻煩，而且為了好好照顧子宮、傳宗接代，就算大熱天也不敢暢飲冰品，這對時常運動的我是多大的折磨，未來我的子女倘若忤逆我，不必打、不必罵，也不必說教，只要不准小孩喝涼水、吃冰品就好，讓他們體會老娘為了生他們，忍了多少苦！

想想這真是不公平，如果女生吃冰會經痛，為什麼男生吃冰不會陽痿？這樣才公平嘛！不過，隨著年紀越長，才感到能有成為媽媽候選人的「天賦」，是上天賜予恩典，因為母親與子女那種從身體出生、永遠切不斷的臍帶，是只有當媽媽的人，才能擁有的特權，公的？免談！不過我也在想，又不是每個月都要生小孩，為什麼上天要給我這種考驗？後來想想，也許上天是要讓我們先練習忍受疼痛，要我們女孩子們更珍惜身體，透過生理期要我們時時都要愛護自己，這樣想就愉快多了。

以前在宮廟的時候就聽說「女生生理期來時不能到廟裡拜拜」，但也僅止於聽說，童年時我沒有這種困擾，但是開廟時就有了生理期，只是沒有任何人要我生理期時別來廟裡服務，我還是照樣通靈、照樣問事。我也想不透怎麼會有這樣的說法，難道關公沒有媽媽嗎？佛祖也是祂媽媽生出來的啊！不然媽祖廟要每逢生理期公休嗎？沒有生理期要怎麼孕育生命？為什麼要視生理期為洪水猛獸？怎麼沒聽說生理期時不能上教堂？

這又要從道教來談，基本上道教是崇拜星辰的信仰，重視各種星辰及其影響，道教認為人打從娘胎出來，就會不斷地得罪各種星辰神明，準確一點來說，不管有意無意，都一定會得罪到，即使是個小嬰兒也不例外，例如你的尿布拿去洗，污水不就冒犯到河神嗎？所以人要常常反省思過，也要向神明懺悔解罪，至於生理期「見血」，也是一種得罪，所謂：「三光者日、月、星」，這些污穢的生理期排血，被日、月、星看到了，見光就是一種得罪，而既然廟宇是神聖的地方，有生理期的女性自然就不能進去拜拜。

這是道教的看法，視生理期為不潔並非只有中國人，許多民族都是如此，因為在醫學不發達的過去，生理期不保持清潔，確實會為健康帶來危害，但我更欣賞女性主義者的看法：原始社會一開始都是母系社會，由於男性有著生理上的優勢，故在狩獵、耕田等占了上風，當母系社會轉到父系社會時，男性有個無敵大的憂慮──不論男生再怎麼厲害，都無法取代女性能夠「生育」的能力，男性很擔心也很害怕，而女性代表生育的能力就是「生理期」了，男性也因此懼怕生理期，為了要醜化生理期，便將生理期視為不潔、不好等等，爾後更衍伸為女生就是不潔，這點就算到了二十一世紀，我還是在棒球場上受過這樣的污辱。

就修行的角度上，我也不認為生理期是個罣礙，否則我們就沒有比丘尼，也不會有女性神祇了。道教認為要修行得要先斷生理期[59]，因為生理期是一種「漏」，講到這裡我就慶幸自己有上健康教育課，我們女生一個月漏一次算什

[59] 道教也有談到，修練到一個程度，男性也不再有排精的現象。就這點來說是公平的。

麼？男生還不是常常在「漏」，只是顏色不一樣吧！男生不論是夢遺，或是所謂的打手槍，總是比女生一個月一次還頻繁吧！漏成這樣，我看還是女生比較適合修行。

修行沒有在看日子，更沒有在看性別的，男生要精進，女生也是啊！有生理期是女生的驕傲，因為這是上天的提醒，也是賦予延續生命的重責大任，是自然又開心的事，不是害羞的事。無須以訛傳訛，限制自己。

Q05 唸佛經的實質意義是什麼？有特別需注意的事項或忌諱嗎？

念佛是佛教眾多的修行方法之一，由於方便實行又感應靈驗，幼從三歲小兒、老至八旬老嫗，即便不識字也能修行，故在佛教中非常興盛。

佛教倡行念佛是有佛典依據的，《觀無量壽經》說：「若念佛者，當知此人，是人中芬陀利華（蓮花）。」、「光明遍照十方世界，念佛眾生，攝取不捨。」《大智度論》則說：「念佛能三昧能除種種煩惱及先世罪。」《大阿彌陀經》更說：「聞我名號，皈依精進，皆逮得普等三昧，至於成佛，常見無量不可思議一切諸佛。」

除了入門方便、隨時隨地可念佛等便捷性之外，據傳念佛的感應力也是不可思議，例如聖嚴法師時常舉自己的例子，說他幼年體弱多病，六歲才會講話與走路，小時候出家時總背不好那些儀軌經典，於是他便去觀音菩薩的聖像前面禮佛，並且觀想觀音菩薩用柳枝灑淨水在自己身上，給自己開智慧，一段時間下來他讀起書來竟越發順利，及至來台後再度出家、閉關修行六年，除勤研經藏之外，還在其間還完成《比較宗教學》、《戒律學綱要》、《正信的佛教》等九本著作，還在三十九歲時隻身前往日本留學，在短短六年時間完成立正大學文學碩士與博士學位。他常說一想起愚鈍的幼年真是無法想像，所以很推崇念觀音佛號，及至後來成立法鼓山，也時時念佛號，信眾有困難時，也建議他們從念佛號著手。

念佛除了獲得感應外，也是時時刻刻提醒自己修行的方法，由語言到意識，也能讓佛經的一切進入自己的心底，因此念到一定程度時，心中自然會出現佛國淨土，《觀無量壽經》提到：「於現身中得念佛三昧。」、「見此事者，即見十方一切諸佛。」一心裡念的、想的都是佛經，那麼佛國淨土自然就在心裡滋長。所以念佛經是將佛經裡的善知識、大智慧，透過文字與念誦進入人的心理，至於念哪種經好、又有怎樣的效果？就是看個人的因緣了。

雖然念佛是個很方便的法門，卻也不能隨便，終究還是個通往神聖的道路。首先是念的速度，不應太急或太慢，念太快會心急緊張，慢了又會胡思亂想，最好是能讓自己專心的速度為佳，此外，若能茹素最好，倘若不能整天茹素，至少不要在大魚大肉之後就來念經，畢竟生理與心理是交互影響，還有一點就是大家最關心的：是不是念經會招來無形眾生？

我雖然很想想告訴大家念佛是百益而無一害的，不過就個人經驗來說，念佛經多少還是會招來無形眾生。平心而論，我不認為這是「壞處」，這只是個「現象」，因為我們認為無形眾生不好，所以才會覺得招來無形眾生是壞處。念經為何會招來它們呢？因為在無形的世界中，它們的日子過得虛無縹緲的，也需要信仰與救贖，所以很渴望能聽聞佛法，或是其他信仰都好，才會有念佛經容易招來無形眾生的現象。

我曾遇過因唸佛、做早晚課多年後，在帶著其他人學習法器、唸經時，念到許多無形眾生纏繞身旁的個案。原來那些無形眾生才不管你是在練習，還是真法會，它們聽到有人念佛經就會緊靠過來，無法分辨帶領者是否真的有本事幫助它們，因此傳統在練習法會、法器、授課時，總會公告「練習法會，鬼神莫聽」來提醒無形眾生：「這是在練習啦！不要來啦！」此外，即便只是在練習，該穿的海青等等，都要穿好，那有可以分辨內外、保護自身的功用，別因為只是練習就草率隨便，做宗教儀式若潦草行事，那不如不做！

你要修行，它們也要修行，就當作是共修吧！慈悲心腸可以用在有形世界，用在無形世界也是平等不二的，懷著慈悲的心、敬重的心態，念佛經是佛教徒的好修行。

作者後記

雖無法提供「正確答案」，但保證所分享的是最誠實的個人觀點

此時此刻我正實踐著成為國際裁判的夢想，在國際棒總所舉辦的第四屆世界盃女子棒球錦標賽中擔任裁判，只不過一切並不是飛機起飛後就能美夢成真，香港球員在比賽場上遭受槍擊打亂了主辦單位原先的安排，本來就不善於組織安排的委內瑞拉更顯得紊亂，比賽臨時被移到馬拉蓋市（Maracay）繼續進行，晚上還未用餐就通知我只有二十分鐘收拾行李，匆忙地從首都離開到比賽城市，一到裁判下榻的飯店只有「混亂」兩字可以形容，沒有人知道接下來會如何，除了等待通知還是只有等待，我趕緊向同行的中華隊求助，這樣下去別說站裁判，連當球迷都會很焦慮。

六位國際裁判被安排在不同場次的比賽，裁判組的翻譯不見蹤影，旅館上下乃至安全人員完全不會英文，連「water」這個單字都沒人聽得懂，在餐廳

掏出委幣，服務人員卻不肯賣餐（事後才知道只收餐券），安全人員也不准我出旅館去買食物，已經飢腸轆轆的我還被安排在下午三十度以上的烈日下站主審，抵達時只有十分鐘的換裝就得上場，比賽結束後我設法到球場再次尋求協助，不過大家忙著讓比賽進行，誰都不清楚裁判組怎麼回事？向中華隊求助也未果，回到旅館已經餓到連思考的力氣都沒有，看韓國裁判蹲在床邊吃泡麵，我真的很難過怎麼原本的夢想會變成這個樣子？

我花了好多努力、還有很多人的幫助才來到國際棒總世界盃的殿堂，成為國際裁判不是每個業餘裁判的夢想嗎？可我卻躺在床上難過，任憑眼淚在臉上滑落，才開始執法兩場，我不能讓接下來的七場比賽搞砸，沒人會記得我多兩光，只會記得台灣派出去的第一個棒球女裁判很糟糕，所以當我能求助的都問過後，我決定一覺起來，要盡一切努力讓自己在場上表現優異、在場下也享受這段旅程！既然沒有人會說英文，那我就來說西班牙文吧！

隔日我便走進餐廳，見到客人就請他們分我吃麵包和飲水，「麵包」和「水」以及「謝謝」是我首先學會的單字，之後總算碰見國際裁判，得知三餐必須向櫃檯索取餐券，其實我連拿房間鑰匙都有困難，因為櫃台不懂英文房號，於是 110 是我首先學會的西文數字。

吃飯搞定後，一切都變得輕鬆簡單，有了體力執法也更能發揮實力，我站的比賽場場有電視直播，甚至有七場都是上萬人的比賽，在賽事進行到後半段，走在街上或是球場都有球迷要求合照或索取簽名，我想我沒丟國家的臉！

此行還有個意外的驚喜，大學同學得知我在異鄉挨餓，大家集資請在美國的同學，拜託懂西文的阿根廷同事問了旅館地址，寄來了我這輩子吃過最貴的泡麵和零食，雖然我後來吃飯不成問題，但那更是精神的食糧和情感的慰藉，我最快樂的時光便是拿著泡麵到餐廳廚房，請大嬸幫我煮來享用，是的，後來我已可以在旅館的廚房來去自如，甚至裁縫間的歐巴桑在我借針線要改裁判服裝的褲管時，免費幫我用裁縫機修改得恰到好處，當我用西文自己點菜和祝其他伙伴用餐愉快時，著實嚇到了不少人！我很開心有這樣的結果，因為每一天都要過，我想要快樂地過！

這讓我回想起出版第一本書《靈界的譯者》的經驗，當時尋求出版幾年未果，但我覺得我能做的已經都做了，除了努力之外就只有等待，果然在朋友陳重光先生的引薦下，在短短兩個多月時間便獲得三采出版社的出版，事情出乎意料的順利，不需要卜卦也不用算命，當時機來時便水到渠成，因為平時就已經準備好了。

我非常開心能用第一本書分享自己的生命經驗，得到讀者的指教、更多的是鼓勵與分享，當我知道自己的文字能帶給他人平安時，每天想起來都有說不出的幸福感。

不過一本書的篇幅能放的內容有限，我想分享的東西還有很多，當然讀者閱讀後也會衍伸更多的疑惑，於是便繼續保持寫作的興趣，把自己的經驗與心得持續與大家分享，當然了，與第一本相同，本書是著重在我個人的看法，畢竟這個世界、宇宙和生命太過奧妙，不是我這種凡夫俗子能看透的，雖無法提供「正確答案」但能保證所分享的必定是最誠實的個人觀點。因為我也不相信關於「人」會有什麼正確的標準答案，就像世界各地認定的美食都不同，至於那種「愛的真諦」與「世界和平」的普世價值，憑我的文筆，寫了我自己也不會想看。

這本書同樣是我最誠懇的分享，因為我現在過得很幸福，所以很想分享自己的生活經驗，而讓我的幸福來源是 真主以及「生活態度」，其實人生不過就匆匆數十寒暑，大家總是想過得更好、更舒適，當面對不順遂時，通常看到困難的同時也看到別人的不是，可是我們又怎麼能叫別人與環境為我們改變呢？與其如此，不如讓自己改變比較有可行性吧！與他人過不去的同時，其實也是與自己過不去。

當我們面對生命的困境時，除了想要了解為什麼，也會想尋求外力的協助，各種宗教儀式更是對無解的生命，最常被選擇的慰藉，這本書提供了我的觀察，讓您參考看看我的角度怎麼看這個問題？

我傾向用歷史、文化和心理動力的方式去理解各種宗教與術數，這樣的看法讓我的生命更掌握在自己的手上，而非他人、他力甚至虛無縹緲的無形界，過程不可能不辛苦，但是會很踏實，而踏實的生命就有其冷暖自知的獨特滋味在心頭，平安和幸福就在當下不自覺地滋長。

再次謝謝您的支持、鼓勵和指教，希望這本書也能獲得您的莞爾一笑，也祝福您能獲得自己生命的平安，至少此時此刻提醒自己要快樂啊！

索非亞於委內瑞拉

●國家圖書館出版品預行編目資料

靈界的譯者2：跨越生與死的40個人生問答/ 索非亞 著
一初版. -- 臺北市 ： 三采文化，2010.09
面 ； 公分. -- （FOCUS：25）

ISBN 978-986-229-327-0（平裝）

1.索非亞 2.台灣傳記 3.通靈術

296.1 99014627

suncolor 三采出版集團

FOCUS 25

靈界的譯者2

跨越生與死的40個人生問答

作者	索非亞
責任編輯	高章敏
文字編輯	劉綺文
文字校對	渣渣
封面設計	謝佳穎
內頁設計	謝佳穎 張淑玲
發行人	張輝明
總編輯	曾雅青
發行所	三采文化股份有限公司
地址	台北市內湖區瑞光路513巷33號8樓
傳訊	TEL:8797-1234 FAX:8797-1688
網址	www.suncolor.com.tw
郵政劃撥	帳號：14319060 戶名：三采文化股份有限公司
本版發行	2017年4月25日
定價	NT$280

suncolor